“一带一路”倡议背景下对外文化传播研究

◎张金哲 著

湘潭大学出版社
XIANGTAN UNIVERSITY PRESS

图书在版编目（CIP）数据

“一带一路”倡议背景下对外文化传播研究 / 张金哲著. -- 湘潭 : 湘潭大学出版社, 2024.3
ISBN 978-7-5687-1408-2

Ⅰ. ①一… Ⅱ. ①张… Ⅲ. ①“一带一路”－文化传播－研究－中国 Ⅳ. ①G12

中国国家版本馆 CIP 数据核字 (2024) 第 051730 号

“一带一路”倡议背景下对外文化传播研究

“YIDAIYILU” CHANGYI BEIJING XIA DUIWAI WENHUA CHUANBO YANJIU

张金哲 著

责任编辑：刘文情
封面设计：张　波
出版发行：湘潭大学出版社
社　　址：湖南省湘潭大学工程训练大楼
电　　话：0731-58298960 0731-58298966（传真）
邮　　编：411105
网　　址：http://press.xtu.edu.cn/
印　　刷：长沙鸿和印务有限公司
经　　销：湖南省新华书店
开　　本：710 mm×1000 mm 1/16
印　　张：11.5
字　　数：205 千字
版　　次：2024 年 3 月第 1 版
印　　次：2024 年 3 月第 1 次印刷
书　　号：ISBN 978-7-5687-1408-2
定　　价：60.00 元

前言

古丝绸之路绵亘万里，延续千年，早已证明，只要坚持以和平合作、开放包容、互学互鉴、互利共赢为核心的丝路精神，不同种族、不同信仰、不同文化背景、不同发展阶段的国家完全可以共享和平、共同发展。如今的“一带一路”倡议正是汲取和弘扬这种启示、智慧和力量，发掘这份人类文明的宝贵遗产，彰显同舟共济、权责共担的共同体意识，坚持对话协商、共建共享、合作共赢、交流互鉴，聚焦政策沟通、设施联通、贸易畅通、资金融通、民心相通，推动各国加强政治互信、经济互融、人文互通。面对全球化进程中的新机遇与挑战，我们有必要深入探索“一带一路”倡议背景下的对外文化传播，以更好地传播中华文化，增进不同文明之间的理解与互信。

本书首先回顾“一带一路”倡议的发展历程，梳理其背后的理念与原则，为读者提供宏观的背景知识。接着从理论渊源出发，探讨“和合”理念在对外文化传播中的传承与转化，以及马克思主义“总体性”哲学在文化传播领域的借鉴与发展。在此基础上分析“一带一路”倡议背景下对外文化传播的历史基础与传播风险，为读者揭示文化传播的复杂性和挑战性。随后详细探讨“一带一路”与文化交流的关系。引入“主体间性”文化交流的概念，分析当前“一带一路”文化交流的现状与趋势。进而深入研究文化产业在对外文化传播中的作用，包括融合性文化产业的发展、文化贸易的促进以及文化旅游的推广等。这些章节不仅揭示文化产业在“一带一路”倡议中的重要作用，也为读者提供丰富的实践案例和深入的分析。

本书的价值在于为“一带一路”倡议背景下的对外文化传播提供系统的理论框架和实践指导。通过对历史、现状、风险和挑战的深入分析，旨在促进中华文化的国际传播，增进不同文明之间的交流与互信。我们期望本书能为相关领域的学者、政策制定者以及文化从业者提供有益的参考和启示。由于笔者水平有限，加之时间仓促，书中所涉及的内容难免有疏漏之处，希望各位读者多提宝贵意见，以便笔者进一步修改，使之更加完善。

目　录

第一章 “一带一路”倡议概述 ……………………………………………（1）

第一节 “一带一路”倡议的发展 ……………………………………………（1）

第二节 共建“一带一路”的原则、理念与目标 ……………………………（9）

第三节 共建“一带一路”取得的主要成果及重要经验 ……………………（13）

第二章 “一带一路”倡议背景下对外文化传播的理论渊源 …………（23）

第一节 传承与转化:“和合”理念 ……………………………………………（23）

第二节 借鉴与发展:马克思主义“总体性”哲学 ……………………………（33）

第三章 “一带一路”倡议背景下对外文化传播的历史基础与传播风险 ……………………………………………………………………………（40）

第一节 历史基础 ……………………………………………………………（40）

第二节 传播风险 ……………………………………………………………（48）

第四章 “一带一路”倡议与文化交流 ……………………………………（59）

第一节 “主体间性”文化交流 ………………………………………………（59）

第二节 “一带一路”倡议背景下文化交流现状 ……………………………（73）

第五章 文化产业助力“一带一路”倡议背景下对外文化传播 ………（81）

第一节 “一带一路”与融合性文化产业 ……………………………………（81）

第二节 “一带一路”与文化贸易 ……………………………………(105)

第三节 文化旅游与对外文化传播 ………………………………(126)

第六章 “一带一路”倡议背景下对外文化传播案例分析 ……………(153)

第一节 “一带一路”倡议背景下我国体育文化对外传播的路径研究 ……………………………………………………………………(153)

第二节 “一带一路”视域下地方戏的跨文化传播困境及策略分析 ……………………………………………………………………(157)

第七章 “一带一路”倡议背景下对外文化传播体系的构建 …………(163)

第一节 加强文化交流与合作 ……………………………………(163)

第二节 优化文化传播策略 ………………………………………(166)

第三节 加强文化产业与贸易的发展 ……………………………(170)

第四节 构建风险防控机制 ………………………………………(173)

参考文献 ……………………………………………………………(176)

第一章 “一带一路”倡议概述

当前,世界百年未有之大变局加速演进,国际环境日趋复杂,全球性问题日益加剧,世界进入新的动荡变革期。面对“世界怎么了,我们怎么办”这一时代课题,习近平深刻洞察人类前途命运以及中国和世界发展大势,于 2013年提出共建“一带一路”倡议。“一带一路”旨在借用古代丝绸之路的历史符号,高举和平发展的旗帜,积极发展与合作伙伴的经济合作关系,共同打造政治互信、经济融合、文化包容的利益共同体、命运共同体和责任共同体。

第一节 “一带一路”倡议的发展

自2013年提出至今,共建“一带一路”倡议从理念到蓝图,从方案到实践,从愿景到现实,从谋篇布局到精耕细作,已经成为惠及全球发展的重要国际公共产品和构建人类命运共同体的重要实践平台。

一、“一带一路”倡议的时代背景

马克思、恩格斯指出:“一切划时代体系的真正内容都是由于产生这些体系的那个时期的需要而形成起来的。”[①]习近平总书记“一带一路”倡议是在中国特色社会主义进入新时代的背景下提出的,充分体现了以习近平同志为核心的党中央对我国国情的清醒认识和对国际形势的深刻理解,深刻反映了当今时代的特点和要求。

从国内实践来看,“一带一路”倡议是我国在新时代实行全方位对外开放的重大举措。随着中国特色社会主义进入新时代,我国改革开放也进入了深水区,一些制约生产力进一步发展和满足日益广泛的人民美好生活需要的矛盾问题仍有待改革开放来破解,国际社会也期待中国为当今世界经

---

①杨河:《马克思主义简明读本》,人民出版社2018年版,第3页。

济均衡发展注入新动力。习近平总书记提出“一带一路”倡议，适应了我国在中国特色社会主义新时代社会主要矛盾的变化，时代气息浓郁，目标导向鲜明，实际上是中国改革开放再出发，对开创我国新时代对外开放新格局将产生重要而深远的影响。

从国际格局演变来看，共建“一带一路”是应对当前世界和平赤字、发展赤字、治理赤字的战略选择。虽然当今和平与发展的大趋势没有改变，但和平与发展的时代主题仍没有解决，西方出现“逆全球化”思潮，美国政府频频“退群废约”，世界面临和平赤字、发展赤字、治理赤字的严峻挑战。习近平总书记敏锐洞察世界发展潮流与规律，指出“各国之间的联系从来没有像今天这样紧密，世界人民对美好生活的向往从来没有像今天这样强烈，人类战胜困难的手段从来没有像今天这样丰富”①。对“世界怎么了、我们怎么办”这一富有哲学意味的问题进行了深刻阐述，指出世界经济增长需要新动力、发展需要更加普惠平衡、贫富差距鸿沟有待弥合，重申要以合作共赢为基础，推进“一带一路”国际合作，为应对当前世界和平赤字、发展赤字、治理赤字，提出了中国主张和中国方案。

从中国与世界关系的演变来看，“一带一路”传承中华民族数千年的理想情怀并将之发扬光大，让中国与世界的交往在创新中不断发展。“古丝绸之路绵亘万里，延续千年，积淀了以和平合作、开放包容、互学互惠、互利共赢为核心的丝路精神”，习近平总书记称“这是人类文明的宝贵遗产”。理念引领行动，方向决定出路。② 不同于近代以来西方殖民主义的经济掠夺和帝国主义的“零和”竞争思维，也不同于战后西方倡导的对外援助等形式的国际合作模式，“一带一路”倡议主动发展与共建国家的经济合作伙伴关系，不仅造福中国人民，更造福沿线各国人民，是各国合作共赢的康庄大道。

从大国地位来看，“一带一路”倡议成为普惠的公共产品，引领全球治理方向，成果惠及世界。“一带一路”倡议之所以能够得到世界上许多国家的广泛响应，一个重要原因在于，中国发展同外部世界的交融性、关联性、互动性

①中共中央党史和文献研究院：《习近平新时代中国特色社会主义思想学习论丛》，中央文献出版社2020年版，第61页。

②《习近平谈治国理政（第二卷）》，外文出版社2017年版，第539页。

不断增强，中国正从大国走向强国，对全球治理体系变革的影响力越来越大。正是在中国与世界关系发生重要演变的关键时期，习近平总书记作为世界最大发展中国家的领路人，把握机遇、扛起历史责任，及时提出了“一带一路”倡议，向世界展现了中国的新担当和新作为。

二、提出并推动共建“一带一路”

当今世界正发生复杂深刻的变化，世界经济复苏缓慢，逆全球化思潮上升，国际金融危机深层次影响继续显现，单边主义、保护主义、霸权主义、强权政治对世界和平与发展威胁上升，各国面临的发展问题依然严峻，世界进入动荡变革期。加强区域合作是推动世界经济发展的重要动力和必由之路。

中国为共建“一带一路”夯基垒台、立柱架梁。2013年9月和10月，习近平先后提出共建“丝绸之路经济带”和“21世纪海上丝绸之路”倡议，即共建“一带一路”倡议，得到国际社会的高度关注和有关国家积极响应，成为备受世人瞩目的中国方案。习近平指出，这是一项造福沿途各国人民的大事业。我们要加强政策沟通、设施联通、贸易畅通、货币流通、民心相通，以点带面，从线到片，逐步形成区域大合作，实现共同发展、共同繁荣。共建“一带一路”倡议，是中国根据国际和地区形势深刻变化以及中国发展面临的新形势、新任务，顺应世界多极化、经济全球化、文化多样化、社会信息化的潮流，弘扬以和平合作、开放包容、互学互鉴、互利共赢为核心的丝路精神，秉持开放的区域合作精神，致力于维护全球自由贸易体系和开放型世界经济提出的战略构想。共建“一带一路”倡议，既是维护开放型世界经济体系、促进共同可持续发展的中国方案，也是深化区域合作、维护世界和平稳定的中国主张，体现了中国对推动国际经济治理体系朝着公平、公正、合理方向发展的责任担当。

2014年6月，习近平在中阿合作论坛第六届部长级会议开幕式上进一步阐释了共建“一带一路”的“共商、共建、共享”合作原则。11月，习近平在“加强互联互通伙伴关系”东道主伙伴对话会上宣布，中国将出资 400亿美元成立丝路基金，为“一带一路”共建国家和地区基础设施建设、资源开发、产业合作和金融合作等与互联互通有关的项目提供投融资支持。12月，丝路基金在北京注册成立并正式运行。

2015年是“一带一路”构想完成规划并启动实施之年。3月，国家发展和改革委员会、外交部、商务部联合发布《推动共建丝绸之路经济带和21世纪海上丝绸之路的愿景与行动》，构筑了共建“一带一路”的顶层设计框架，就时代背景、共建原则、框架思路、合作重点、合作机制等问题对“一带一路”倡议进行了阐释，为共建“一带一路”描绘了宏伟蓝图。

此后，中国陆续发布共建“一带一路”发展规划、设想，或作出战略部署。推进“一带一路”建设工作领导小组办公室先后于2016年10月、2017年5月发布《中欧班列建设发展规划（2016—2020）》和《共建“一带一路”：理念、实践与中国的贡献》。其中，《共建“一带一路”：理念、实践与中国的贡献》对中国政府提出共建“一带一路”倡议的理念、实践发展和作出的贡献做了系统阐述。2017年6月发布的《“一带一路”建设海上合作设想》，是中国政府首次就推进“一带一路”建设海上合作提出中国方案，也是“一带一路”国际合作高峰论坛成果之一。2017年10月召开的中共十九大，为发展更高层次的开放型经济，对推进“一带一路”建设作出了战略部署，并将其写入《中国共产党章程》。这充分体现了中国共产党坚定推进“一带一路”国际合作的决心和信心。2018年5月，习近平在主持召开中央外事工作委员会第一次会议时发表重要讲话，进一步明确了共建“一带一路”的未来方向，强调“一带一路”建设是推动构建人类命运共同体的重要实践平台。

共建“一带一路”合作网络基本形成，合作领域不断拓展共建“一带一路”倡议提出后，经过数年的规划和实践推动，沿线各国更加看好中国发展前景，更加看重中国机遇，加强对华合作日益成为国际社会的普遍共识。2015年，中国与共建国家和地区开展发展战略对接，在欧亚地区率先取得显著进展，同20多个国家签署相关合作协议。2016年，共建“一带一路”倡议得到100多个国家和国际组织的积极支持和参与，共建国家战略对接、互联互通、产能合作硕果累累。同年6月，中国、俄罗斯、蒙古国三国元首共同见证签署了《建设中蒙俄经济走廊规划纲要》，这是共建“一带一路”倡议框架下的首个多边合作规划纲要。亚洲基础设施投资银行（以下简称亚投行）开业运营，丝路基金正在开花结果，中国—海合会、中以自贸区谈判持续迈进。

2017年,共建“一带一路”合作伙伴不断拓展,合作网络基本形成。3月,中国和新西兰两国政府签署了《中华人民共和国政府和新西兰政府关于加强“一带一路”倡议合作的安排备忘录》,新西兰由此成为“第一个与中国签署‘一带一路’倡议合作安排备忘录的发达国家”。5月,我国成功举办首届“一带一路”国际合作高峰论坛,29位国家元首、政府首脑等领导人出席,来自140多个国家、80多个国际组织的1600多名代表参会,形成5大类、76大项、279项具体成果,编织起以亚欧大陆为中心,辐射各大陆、连接各大洋的合作网络。作为此次论坛的重要成果之一,中国与格鲁吉亚正式签署自贸协定。这是我国与欧亚地区国家签署的第一个自贸协定,也是“一带一路”倡议提出后我国启动并达成的第一个自贸协定。11月,巴拿马成为拉美和加勒比地区首个同中国签署“一带一路”倡议合作谅解备忘录的国家。12月,中国、老挝、沙特、塞尔维亚、泰国、土耳其和阿联酋等国家代表在第四届世界互联网大会上共同发起《“一带一路”数字经济国际合作倡议》,致力于实现互联互通的“数字丝绸之路”,打造互利共赢的利益共同体和共同发展繁荣的命运共同体。

此后,共建“一带一路”合作伙伴网络持续延展。2018年6月4日,安提瓜和巴布达成为东加勒比地区首个同中国签署“一带一路”合作文件的国家。21日,巴布亚新几内亚成为太平洋岛国地区首个与中国签署“一带一路”建设谅解备忘录的国家。7月21日,塞内加尔成为西非第一个同中国签署“一带一路”合作文件的国家。

共建“一带一路”的国际共识日益扩大,合作机制更趋丰富自2015年3月中国政府发布《推动共建丝绸之路经济带和21世纪海上丝绸之路的愿景与行动》以来,共建“一带一路”倡议得到越来越多国际组织的认同,并被多次写入联合国等国际组织文件,成为重要国际共识,带动合作机制从双边到多边的丰富和发展。

联合国是最具普遍性、代表性、权威性的政府间国际组织。2016年3月,联合国安理会决议首次纳入“一带一路”倡议,呼吁各方积极参与“一带一路”等区域互联互通及经济合作。9月,中国政府与联合国开发计划署在纽约联合国总部签署《关于共同推进丝绸之路经济带和21世纪海上丝绸之路建设的谅解备忘录》。这是中国政府与国际组织签署的第一份政府间共建“一带一路”的谅解备忘录，是国际组织参与“一带一路”建设的一大创新。11月，第71届联合国大会193个会员国协商一致通过决议，决议明确欢迎“一带一路”重要倡议，呼吁国际社会为“一带一路”建设提供安全保障环境。这是联合国大会首次在决议中载入“一带一路”倡议。2017年 9月，第71届联合国大会将“共商、共建、共享”原则写入“联合国与全球经济治理”决议。

世界卫生组织是卫生领域影响最大的联合国专门机构，在全球卫生事务中发挥着重要作用。2017年1月，习近平在日内瓦访问世界卫生组织并会见陈冯富珍总干事，与其共同见证了《中华人民共和国政府和世界卫生组织关于“一带一路”卫生领域合作的谅解备忘录》等协议的签署。

2013—2018年，中国从提出“一带一路”倡议到谋篇布局，取得明显成效，一批具有标志性的早期成果开始显现，不仅大幅提升了我国贸易投资自由化便利化水平，推动我国开放空间从沿海、沿江向内陆、沿边延伸，形成陆海内外联动、东西双向互济的开放新格局，也极大地推动了共建国家和地区的经济发展。

三、推动共建“一带一路”高质量发展

2018年8月，习近平出席推进“一带一路”建设工作5周年座谈会并发表重要讲话，提出“一带一路”建设要从谋篇布局的“大写意”转入精耕细作的“工笔画”，向高质量发展转变，要在项目建设、开拓市场、金融保障、教科文卫体等领域交流、规范企业投资经营行为、防范境外风险等方面下功夫，更好造福共建国家人民，推动构建人类命运共同体。这标志着共建“一带一路”倡议由夯基垒台、立柱架梁阶段，正式向精耕细作的高质量发展阶段迈进。

进一步明确高质量发展目标，坚定发展信心。面对新形势、立足新阶段，中国适时发布了共建“一带一路”的进展总结和展望报告。2019年4月，推进“一带一路”建设工作领导小组办公室发表《共建“一带一路”倡议：进展、贡献与展望》报告。该报告系统总结了共建“一带一路”倡议实施取得的成果，并提出了将“一带一路”建设“成为和平之路、繁荣之路、开放之路、绿色之路、创新之路、文明之路、廉洁之路，推动经济全球化朝着更加开放、包

容、普惠、平衡、共赢的方向发展”的愿景展望。

作为共建“一带一路”框架下高规格的国际合作平台，2019年4月在北京召开了第二届“一带一路”国际合作高峰论坛，中国宣布了一系列新的对外开放重大举措，提出构建全球互联互通伙伴关系、开启高质量共建“一带一路”新阶段。包括中国在内38个国家的元首和政府首脑等领导人以及联合国秘书长和国际货币基金组织总裁共40位领导人出席圆桌峰会，来自150个国家、92个国际组织的6000余名外宾参加了论坛。此次峰会奏响了构建开放型世界经济主旋律，取得了六个方面的重大成果：一是确立高质量共建“一带一路”目标，指明合作方向；二是构建全球互联互通伙伴关系，推动联动发展；三是取得丰硕务实成果，体现互利共赢；四是搭建地方及工商界对接新平台，拓展合作机遇；五是完善“一带一路”合作架构，打造支撑体系；六是发挥元首外交引领作用，深化双边关系。在这次论坛筹备和举办期间，各方达成了283项务实成果，与会企业家签署了总金额为640多亿美元的项目合作协议，体现出“一带一路”带来的巨大商机。

2020年以来，新型冠状病毒感染成为近百年来人类遭遇的影响范围最广的全球性大流行疾病，对全世界而言是一次严重的危机和严峻的考验。中国秉持人类命运共同体理念，统筹国内国际两个大局，统筹疫情防控和经济社会发展，积极开展对外援助，推动国际合作抗疫，持续推动共建“一带一路”高质量发展。2020年6月，习近平向“一带一路”国际合作高级别视频会议发表书面致辞，提出“把‘一带一路’打造成团结应对挑战的合作之路、维护人民健康安全的健康之路、促进经济社会恢复的复苏之路、释放发展潜力的增长之路”，表达了同合作伙伴高质量共建“一带一路”的坚定信心，增强了各国合作战胜新冠疫情的信心。2021年4月，习近平在博鳌亚洲论坛2021年年会开幕式主旨演讲中提出“建设更紧密的卫生合作伙伴关系、互联互通伙伴关系、绿色发展伙伴关系、开放包容伙伴关系”，为疫情形势下深化“一带一路”合作指明了方向。同年11月，习近平在第三次“一带一路”建设座谈会上强调，完整、准确、全面贯彻新发展理念，以高标准、可持续、惠民生为目标，巩固互联互通合作基础，拓展国际合作新空间，扎牢风险防控网络，努力实现更高合作水平、更高投入效益、更高供给质量、更高发展韧性，推动共建“一带一路”高质量发展不断取得新成效。擘画新时代新征程，2022年10月，中共二十大报告提出了“推动共建‘一带一路’高质量发展”的要求。

这些重要表述进一步坚定了国际社会对中国推动共建“一带一路”高质量发展的信心。中国作为世界第二大经济体，在追求推进中国式现代化的同时，同共建各方共同努力，推动共建“一带一路”高质量发展，搭建起了开放包容的国际合作平台，推动建设开放型世界经济，彰显了言必信、行必果的大国风范和担当。

合作伙伴不断增多，合作共识持续扩大。共建“一带一路”合作伙伴深度拓展，朋友圈越来越大。2018年8月后，希腊、马耳他、葡萄牙等欧洲国家也陆续加入“一带一路”朋友圈。同年9月，在中非合作论坛北京峰会上，28个非洲国家与中国签订了“一带一路”政府间谅解备忘录。2019年3月，意大利成为七国集团成员国中首个加入“一带一路”倡议的国家。2022年，中国与尼加拉瓜、叙利亚、阿根廷、马拉维、巴勒斯坦等国家签署共建“一带一路”合作谅解备忘录。

作为中国为完善全球治理提供的重要公共产品，共建“一带一路”倡议及其共商共建共享的核心理念逐步成为全球治理的重要共识，屡次被写入联合国、二十国集团、亚太经济合作组织以及其他区域组织等有关文件中。亚投行、丝路基金等多边开发机构和合作平台的设立，推动全球治理体系朝着更加公正合理的方向发展。

合作领域不断拓展，中国贡献日益凸显。推动“一带一路”建设的高质量发展，不断拓展合作广度和深度，才能真正破除发展中国家面临的可持续发展困境，有助于构建新型国际关系，让“一带一路”国际合作倡议行稳致远。在国际商事调解领域，2018年10月，在罗马举行的“‘一带一路’国际商事调解论坛暨‘一带一路’国际商事调解中心调解规则评议研讨会”，签署并发布了针对“一带一路”国际商事调解具有重要指导意义的里程碑式文件《罗马宣言》。在新闻合作领域，2019年4月，“一带一路”新闻合作联盟首届理事会议及配套活动在北京举行，标志着“一带一路”新闻合作联盟正式成立并启动运行。在智库合作领域，同年4月，由新华社研究院联合15家中外智库共同发起的“一带一路”国际智库合作委员会在北京宣告成立，标志着

“一带一路”国际智库合作迈上了新台阶。

面对新冠疫情的严峻考验，中国在自身面临巨大困难的情况下，秉持人类命运共同体理念，始终全力支持全球抗疫，推动合作抗疫。据相关统计，中欧班列发挥国际铁路联运独特优势，在2020年全年开行12406列，同比增长50%，是2016年开行量的7.3倍，通达21个国家的92个城市，较上年同期增长67%。特别是西安、义乌、武汉等地创新开行了中欧班列“防疫物资专列”，得到共建“一带一路”共建国家和国际社会的普遍赞誉，对助力新冠疫情下的全球经济复苏和推动整个“一带一路”建设起到了至关重要的作用。2021年6月，中国同28个国家在“一带一路”亚太区域国际合作高级别会议上共同发起“一带一路”疫苗合作伙伴关系倡议，倡导加强疫苗援助、出口、联合生产等合作。这对于缺少疫苗的“一带一路”共建国家无异于一剂“强心针”，也为全球合作抗击新冠疫情树立了典范。

与此同时，“一带一路”建设克服新冠疫情的不利影响，持续推进相关项目，进一步拓展合作领域。2020年，中国同共建国家货物贸易额1.35万亿美元，对共建国家非金融类直接投资达177.9亿美元。共建国家企业同样看好中国发展机遇，在华新设企业4200多家，直接投资超过80亿美元。2021年，从提出建设更紧密的卫生合作伙伴关系、更紧密的互联互通伙伴关系、更紧密的绿色发展伙伴关系、更紧密的开放包容伙伴关系，到强调深化政治互信、深化互联互通、深化贸易畅通、深化资金融通、深化人文交流，高质量共建“一带一路”取得实打实、沉甸甸的成就。

共建“一带一路”倡议让中国与世界经济深度融合，成为全球经济增长的强大推动力和深受欢迎的国际公共产品，取得了丰硕成果，为共建国家和地区带来了巨大的经济红利。

第二节 共建“一带一路”的原则、理念与目标

一、共建“一带一路”的原则

共建“一带一路”以共商、共建、共享为根本原则，积极倡导合作共赢理念与正确义利观，坚持各国都是平等的参与者、贡献者、受益者，推动实现经

济大融合、发展大联动、成果大共享。

共建“一带一路”坚持共商原则，不是中国一家的独奏，而是各方的大合唱，倡导并践行真正的多边主义，坚持大家的事由大家商量着办，充分尊重各国发展水平、经济结构、法律制度和文化传统的差异，强调平等参与、沟通协商、集思广益，不附带任何政治或经济条件，以自愿为基础，最大程度凝聚共识。各国无论大小、强弱、贫富，都是平等参与，都可以在双多边合作中积极建言献策。各方加强双边或多边沟通和磋商，共同探索、开创性设立诸多合作机制，为不同发展阶段的经济体开展对话合作、参与全球治理提供共商合作平台。

共建“一带一路”坚持共建原则，不是中国的对外援助计划和地缘政治工具，而是联动发展的行动纲领；不是现有地区机制的替代，而是与其相互对接、优势互补。坚持各方共同参与，深度对接有关国家和区域发展战略，充分发掘和发挥各方发展潜力和比较优势，共同开创发展新机遇、谋求发展新动力、拓展发展新空间，实现各施所长、各尽所能，优势互补、联动发展。通过双边合作、第三方市场合作、多边合作等多种形式，鼓励更多国家和企业深入参与，形成发展合力。遵循市场规律，通过市场化运作实现参与各方的利益诉求，企业是主体，政府主要发挥构建平台、创立机制、政策引导的作用。中国发挥经济体量和市场规模巨大，基础设施建设经验丰富，装备制造能力强、质量好、性价比高以及产业、资金、技术、人才、管理等方面的综合优势，在共建“一带一路”中发挥了引领作用。

共建“一带一路”坚持共享原则，秉持互利共赢的合作观，寻求各方利益交汇点和合作最大公约数，对接各方发展需求、回应人民现实诉求，实现各方共享发展机遇和成果，不让任何一个国家掉队。共建国家大多属于发展中国家，各方聚力解决发展中国家基础设施落后、产业发展滞后、工业化程度低、资金和技术缺乏、人才储备不足等短板问题，促进经济社会发展。中国坚持道义为先、义利并举，向共建国家提供力所能及的帮助，真心实意帮助发展中国家加快发展，同时，以共建“一带一路”推动形成陆海内外联动、东西双向互济的全面开放新格局，建设更高水平开放型经济新体制，加快构建以国内大循环为主体、国内国际双循环相互促进的新发展格局。

二、共建“一带一路”的理念

共建“一带一路”始终坚守开放的本色、绿色的底色、廉洁的亮色，坚持开放包容，推进绿色发展，以零容忍态度惩治腐败，在高质量发展的道路上稳步前行。

共建“一带一路”是大家携手前行的阳光大道，不是某一方面的私家小路，不排除，也不针对任何一方，不打地缘博弈小算盘，不搞封闭排他“小圈子”，也不搞基于意识形态标准划界的小团体，更不搞军事同盟。从亚欧大陆到非洲、美洲、大洋洲，无论什么样的政治体制、历史文化、宗教信仰、意识形态、发展阶段，只要有共同发展的意愿都可以参与其中。各方以开放包容为导向，坚决反对保护主义、单边主义、霸权主义，共同推进全方位、立体化、网络状的大联通格局，探索开创共赢、共担、共治的合作新模式，构建全球互联互通伙伴关系，建设和谐共存的大家庭。

共建“一带一路”顺应国际绿色低碳发展趋势，倡导尊重自然、顺应自然、保护自然，尊重各方追求绿色发展的权利，响应各方可持续发展需求，形成共建绿色“一带一路”共识。各方积极开展“一带一路”绿色发展政策对话，分享和展示绿色发展理念和成效，增进绿色发展共识和行动，深化绿色基建、绿色能源、绿色交通、绿色金融等领域务实合作，努力建设资源节约、绿色低碳的丝绸之路，为保护生态环境、实现碳达峰和碳中和、应对气候变化作出重要贡献。中国充分发挥在可再生能源、节能环保、清洁生产等领域优势，运用中国技术、产品、经验等，推动绿色“一带一路”合作蓬勃发展。

共建“一带一路”将廉洁作为行稳致远的内在要求和必要条件，始终坚持一切合作在阳光下运行。各方一道完善反腐败法治体系建设和机制建设，深化反腐败法律法规对接，务实推进国际反腐合作，坚决反对各类腐败和其他国际犯罪活动，持续打击商业贿赂行为，让资金、项目在廉洁中高效运转，让各项合作更好地落地开展，让“一带一路”成为风清气正的廉洁之路。2019年4月，中国与有关国家、国际组织以及工商学术界代表共同发起了《廉洁丝绸之路北京倡议》，呼吁各方携手共商、共建、共享廉洁丝绸之路。中国“走出去”企业坚持合规守法经营，既遵守中国的法律，也遵守所在国当地法律和国际规则，提升海外廉洁风险防范能力，加强项目监督管理和风险防控，打造良心工程、干净工程、精品工程；中央企业出台重点领域合规指南868件，制定岗位合规职责清单5000多项，中央企业、中央金融企业及分支机构制定和完善境外管理制度1.5万余项。2020年11月，60余家深度参与“一带一路”建设的中方企业共同发起《“一带一路”参与企业廉洁合规倡议》。

三、共建“一带一路”的目标

共建“一带一路”以高标准、可持续、惠民生为目标，努力实现更高合作水平、更高投入效益、更高供给质量、更高发展韧性，推动高质量共建“一带一路”不断走深走实。

共建“一带一路”引入各方普遍支持的规则标准，推动企业在项目建设、运营、采购、招投标等环节执行普遍接受的国际规则标准，以高标准推动各领域合作和项目建设。倡导对接国际先进规则标准，打造高标准自由贸易区，实行更高水平的贸易投资自由化便利化政策，畅通人员、货物、资金、数据安全有序流动，实现更高水平互联互通和更深层次交流合作。坚持高标准、接地气，对标国际一流、追求高性价比，先试点、再推广，倡导参与各方采用适合自己的规则标准、走符合自身国情的发展道路。中国成立高规格的推进“一带一路”建设领导机构，发布一系列政策文件，推动共建“一带一路”顶层设计不断完善、务实举措不断落地。

共建“一带一路”对接联合国2030年可持续发展议程，走经济、社会、环境协调发展之路，努力消除制约发展的根源和障碍，增强共建国家自主发展的内生动力，推动各国实现持久、包容和可持续的经济增长，并将可持续发展理念融入项目选择、实施、管理等各个方面。遵循国际惯例和债务可持续原则，不断完善长期、稳定、可持续、风险可控的投融资体系，积极创新投融资模式、拓宽投融资渠道，形成了稳定、透明、高质量的资金保障体系，确保商业和财政上的可持续性。没有任何一个国家因为参与共建“一带一路”合作而陷入债务危机。

共建“一带一路”坚持以人民为中心，聚焦消除贫困、增加就业、改善民生，让合作成果更好惠及全体人民。各方深化公共卫生、减贫减灾、绿色发展、科技教育、文化艺术、卫生健康等领域合作，促进政党、社会组织、智库和青年、妇女及地方交流协同并进，着力打造接地气、聚人心的民生工程，不断增强民众的获得感和幸福感。中国积极推进对外援助和惠及民生的“小而美”项目建设，足迹从亚洲到非洲，从拉丁美洲到南太平洋，一条条公路铁路，一座座学校医院，一片片农田村舍，助力共建国家减贫脱贫、增进民生福祉。

第三节 共建“一带一路”取得的主要成果及重要经验

一、取得的主要成果

（一）深化政策沟通，国际共识持续扩大

政策沟通是共建“一带一路”的重要保障和行动先导，旨在通过战略对接、制度规则互通和理念协调，达到为基础设施建设、产业合作、贸易、投资等方面的合作清除障碍、保驾护航的目的。

首先，共建“一带一路”注重与共建国家发展战略以及区域发展战略对接。中国积极同有关国家协调政策，如俄罗斯提出的“欧亚经济联盟”、哈萨克斯坦提出的“光明之路”、土耳其提出的“中间走廊”、蒙古提出的“发展之路”、越南提出的“两廊一圈”、波兰提出的“琥珀之路”等。中国同老挝、柬埔寨、缅甸、匈牙利等国的规划对接工作也全面展开。

其次，中国与共建国家和地区有效沟通协调，建立双多边以及地区联合工作机制。截至2022年底，中国已与151个国家、32个国际组织签署了 200余份共建“一带一路”合作文件，涵盖基础设施建设、产能合作、经贸、金融、科技、社会、人文交流、生态环保、抗击疫情等领域，带动全球国际合作效应显著，充分体现了“一带一路”倡议的共享性与开放性。

再次，在共建“一带一路”框架下中国积极深化同各国际组织间的合作，使共建“一带一路”倡议及其共商共建共享的核心理念成为全球治理的重要共识。共建“一带一路”倡议与东盟的“互联互通总体规划”、非盟的“2063年议程”、亚太经合组织的“互联互通蓝图”、欧盟的“欧亚互联互通”、联合国的“2030可持续发展倡议”等战略进行有效对接，达成促进互联互通、支持区域经济一体化进程的重要共识。文蔼洁认为,"这个倡议最出色的地方,也是联合国开发计划署所倡导的,在于它提供了一个绝佳的平台","这将加强这些国家之间以及它们与中国之间的对话,以便更好地达成共识,确定共同目标,促进共同繁荣与发展"。

中国将共建"一带一路"打造成开放的合作平台,秉持的是共商共建共享的基本原则,没有地缘政治目的,不针对谁也不排除谁,不会关起门来搞小圈子,不是有人说的这样那样的所谓"陷阱",而是中国同世界共享机遇、共谋发展的阳光大道。共建"一带一路",创新全球治理方式,既是中国的发展战略,又是全球发展的新合作倡议,打破了美国等西方国家对冷战思维和零和博弈的迷思,不断扩大全球合作共识,为解决世界性难题贡献了中国智慧、中国方案。

(二)加强设施联通,互联互通成效显著

设施联通是共建"一带一路"的重要基础和优先领域。在基础设施实现互联互通基础上开展广泛合作,既能够促进沿线各国的发展,又增进各国间的相互联系,为世界经济复苏和强劲增长注入强大动能。世界银行2019 年的研究报告显示,若共建"一带一路"框架下的交通基础设施项目全部得以实施,到2030年每年有望为全球产生1.6万亿美元的收益,占全球经济总量的1.3%。

经过十多年的发展,"六廊六路多国多港"的互联互通架构已基本形成,一批标志性项目落地生根并取得实质性进展。如中老铁路全线通车,让老挝从"陆锁国"变成"陆联国";蒙内铁路拉动了当地经济增长超过两个百分点;克罗地亚佩列沙茨大桥建成通车;雅万高铁、匈塞铁路、中泰铁路等重点项目建设稳步推进;瓜达尔港、汉班托塔港等合作港口建设运营良好;电力、油气、新能源、煤炭等领域合作项目扎实推进。

截至2021年末,中国与100多个国家签订双边政府间航空运输协定,与其中54个国家保持定期客货运通航,与东盟、欧盟签订区域性航空运输协定。截至2022年末,健康、绿色、数字、创新丝绸之路建设加快推进,中国已与16个国家签署数字丝绸之路建设合作谅解备忘录。

作为中国与“一带一路”共建国家互通互惠互联的有效载体，中欧班列已发展成为中欧之间国际物流运输的首要选择，被誉为联通亚欧的“钢铁驼队”。截至2022年末，中欧班列已累计开行超过6.5万列，运送货物超过600万标箱，通达欧洲25个国家的200多个城市。此外，中国海运服务亦已覆盖“一带一路”共建所有沿海国家和地区，海运互联互通指数全球第一。

（三）提升贸易畅通，经贸合作不断拓展

贸易畅通是共建“一带一路”的重点内容和促进开放包容发展、福利增长的重要途径，致力形成互利共赢、多元平衡、安全高效的开放型经济体系，为推动世界经济持续发展提供强大动力。

十年来，进博会、广交会、服贸会等多元贸易平台成功搭建，新技术、新业态、新商业模式不断涌现，跨境电商进出口保持高速增长，推动着贸易模式的不断创新，“丝路电商”异军突起，一批海外仓在共建国家和地区建成投运，成为推动“一带一路”贸易畅通的新生力量。数据显示，2013—2022年，中国与“一带一路”共建国家货物贸易额从1.04万亿美元扩大到2.07万亿美元，年均增长8%。“一带一路”建设促进了中国与共建国家和地区的贸易，促进了国际产能合作，联通了国内国际两个市场。

高质量共建“一带一路”促进了中国不断扩大对沿线发展中国家的进口规模，为沿线发展中国家扩大出口、促进产业发展和增加就业提供了新机遇。中国自“一带一路”共建国家进口额由2015年的2.4万亿元增长至2022年的5.94万亿元。中国自东盟进口额由2012年的1958.2亿美元增至 2022年的4080.5亿美元，占进口总额的比重由10.8%增至15%，为东盟区域经济增长提供了动力。2022年，中国对“一带一路”共建国家进出口总额为138339亿元，比上年增长19.4%。

实践证明，推动共建“一带一路”高质量发展，科学使用多边贸易体制和区域贸易安排双轮驱动经济全球化发展，积极同共建国家商建自由贸易区，使我国与共建国家合作更加紧密、往来更加便利、利益更加融合。

（四）扩大资金融通，金融体系不断完善

资金融通是共建“一带一路”的重要支撑。这既是对贸易畅通和设施联通的有力保障,也是帮助贫困人口通过获得金融服务摆脱贫困、增加收入从而降低生活脆弱性的重要手段。

在加速推进多边金融合作方面,“一带一路”倡议提出后,中国发起创建了亚投行、设立了丝路基金等多边融资、投资平台。截至2022年6月,亚投行成员已扩大到105个,批准了33个成员的181个项目,金额超过 350亿美元。亚投行还与其他多边开发银行、多边组织和区域金融机构合作,促进了亚洲及其他地区的经济社会可持续发展。同时,中国—中东欧银联体、中国—阿拉伯国家银行银联体等多边金融合作机制相继建立。

在货币合作方面,截至2022年7月底,我国累计与20多个共建国家建立双边本币互换安排,在10多个共建“一带一路”共建国家建立了人民币清算安排。人民币跨境支付系统的业务量和影响力稳步提升,人民币国际化水平也得到不断推进。这些新型金融机制同世界银行等传统多边金融机构各有侧重、互为补充,形成层次清晰、初具规模的“一带一路”金融合作网络。

在双向投资方面,从2013年到2022年,中国与共建国家双向投资累计超过2700亿美元。其中,中国企业在共建国家建设的境外经贸合作区累计投资达571.3亿美元,为当地创造了42.1万个就业岗位;中国企业在“一带一路”共建国家非金融类直接投资209.7亿美元,同比增长3.3%,占同期总额的17.9%;在共建国家承包工程完成营业额849.4亿美元,新签合同额1296.2亿美元,分别占总额的54.8%和51.2%,为高质量共建“一带一路”作出积极贡献。十年来,共建“一带一路”拉动近万亿美元投资规模,形成3000多个合作项目。

(五)促进民心相通,民意基础不断巩固

民心相通是共建“一带一路”的社会根基,是最基础最结实最持久的互联互通。沿线各国文化积淀深厚,文化交流互鉴频繁。在人类几千年的发展史上,世界各族人民在不同的地域和时间,各自创造出丰富多彩的文化和文明。人类文明多样性是世界的基本特征。中国与共建国家互办文化年、电影节、艺术节、音乐节、图书展等活动,并开展了联合考古、联合申遗等项目,促进中华文明、印度文明、伊斯兰文明和西方文明等不同文明之间的交流,把世界的多样性和各国的差异性转化为促进各国共同发展的活力和动力,使文明之花成为增进人民友谊的桥梁、推动人类进步的纽带、维护世界和平的润滑剂,推动构建人类命运共同体。

中国把建设“一带一路”健康之路作为重点目标,推动共建国家疾病控制和公共卫生领域合作。中国先后派出多支眼科医疗队赴老挝、柬埔寨、缅甸等国开展“光明行”活动,帮助巴基斯坦、阿富汗消灭脊髓灰质炎,派短期医疗队赴斐济、瓦努阿图等太平洋岛国开展“送医上岛”活动,帮助刚果(金)等非洲国家应对疟疾和埃博拉疫情。面对新冠疫情带来的严重威胁和对世界经济造成的严重冲击,中国始终坚持和平发展、坚持互利共赢,同合作伙伴一道把“一带一路”打造成团结应对挑战的合作之路、维护人民健康安全的健康之路、促进经济社会恢复的复苏之路、释放发展潜力的增长之路。截至2022年4月,中国秉持新冠疫苗全球公共产品的“第一属性”,向国际社会提供超过21亿剂疫苗,为弥合“免疫鸿沟”作出积极努力。沙特阿拉伯中国问题专家阿卜杜勒·阿齐兹·沙巴尼说,中国“积极向其他国家包括阿拉伯国家伸出援手,共同抗疫、共克时艰,展现出大国担当”。

此外,“一带一路”被视为世界上最具活力和潜力的黄金旅游之路。近年来,中国与沿线多国互办“旅游年”,创办丝绸之路国际旅游联盟、中蒙俄“万里茶道”国际旅游联盟等旅游合作机制,不断提高旅游便利化水平,推动共建国家间旅游规模不断扩大。中国还大力援助共建国家治穷减贫,提供各种专业技能培训,涵盖减贫、农业等多个领域。

“一带一路”倡议提出以来,沿线各国间在文化、教育、旅游、智库、脱贫和抗疫合作上开展了形式多样的民心相通项目,“一带一路”民意基础得到不断巩固。实践证明,文明交流互鉴,是推动人类文明进步和世界和平发展的重要动力,是解决全球文明发展面临的共同难题,让世界变得更加美丽、各国人民生活更加美好的必由之路。

二、重要经验

中国始终不渝站在历史正确的一边,站在人类文明进步的一边,顺应世界多极化、经济全球化、文化多样化、社会信息化的潮流,弘扬和发展丝路精神，提出并推动高质量建设“一带一路”，开展更大范围、更高水平、更深层次的区域合作，致力于维护全球自由贸易体系和开放型世界经济，推动文明交流互鉴，彰显人类社会共同理想和美好追求，是国际合作以及全球治理新模式的积极探索，积累了宝贵的重要经验，为推动构建人类命运共同体作出了独特贡献。

（一）坚持胸怀天下

中国共产党“是为中国人民谋幸福、为中华民族谋复兴的党，也是为人类谋进步、为世界谋大同的党”，深刻洞察人类发展进步潮流，积极回应各国人民普遍关切，弘扬“天下为公”“协和万邦”的中华优秀传统文化，提出以维护世界和平、促进共同发展为宗旨，推动构建人类命运共同体的新时代对外工作总目标和基本方略。中国共产党和中国政府从改革开放和长远发展出发，不断拓展世界眼光，提出共建“一带一路”倡议，为构建人类命运共同体注入强大动力。共建“一带一路”不仅是经济合作，而且是完善全球发展模式和全球治理、推进经济全球化健康发展的重要途径，有助于打破美国等西方国家对冷战思维、零和博弈的迷思，有助于打破美国等西方国家话语霸权，推动全球治理体系的变革和完善，增进全球文明交流互鉴。中国不搞“金元外交”，也不打地缘博弈的小算盘，不搞封闭排他的“小圈子”，向所有志同道合的朋友开放，不排除、不针对任何一方，主张各国都是平等的参与者、贡献者、受益者，主张以文明互鉴超越文明冲突，开创多元文明交融的新路径，以海纳百川的宽阔胸襟借鉴吸收人类一切优秀文明成果，推动建设更加美好的世界。英国社会学家、全球化概念首倡者之一马丁·阿尔布劳指出，“一带一路”将中国的和平发展与整个世界的繁荣幸福连接了起来。

（二）坚持统筹推进

“一带一路”是整体大战略，需要坚持党的领导，也需要统筹国内国际两个大局，做到各方面各领域协同配合、统筹推进。推进“一带一路”建设工作领导小组根据中共中央统一部署，发挥牵头抓总作用，协调各地区各部门，明确工作重点，细化工作方案，层层分解任务，加强督促检查，推动有关部署和举措逐项落到实处。推动共建“一带一路”高质量发展，从战略高度进行统筹谋划，坚持顶层设计和摸着石头过河相结合，整体推进和重点突破相结合，严格按照国家确定的框架内容和合作重点展开，积极主动地加强同共建国家和地区的协商、沟通，调动所在国参与的积极性，保证项目的顺利推进，同时要留下足够的空间，让市场做主，让企业参与。经过十年的发展，共建“一带一路”，不仅构筑了东西互动、南北互通、陆海统筹、内外一体的新型开放合作格局，为我国优化经济空间布局、打通国内外两种市场、利用国内外两种资源提供了综合战略依托，也促进了区域经济一体化，助力全球经济复苏，为推动全球治理体系变革和经济全球化作出了中国贡献。

（三）坚持人民至上

国之交在于民相亲，民相亲在于心相通。习近平在给老挝中老友好农冰村小学全体师生的回信中指出：“实现沿线国家共同发展，让民众过上好日子是我提出‘一带一路’倡议的初心……我期待着更多像中国和平发展基金会一样的民心相通使者，在‘一带一路’沿线各国开展合作、造福民众。”这为共建“一带一路”坚持人民至上、开展民间合作、增进民生福祉指明了方向。在2019年第二届“一带一路”国际合作高峰论坛上，中国民间组织国际交流促进会发起“丝路一家亲”行动。截至2023年3月，“丝路一家亲”行动已在共建国家开展民生合作项目300多个，推动中外社会组织建立近600对合作伙伴关系，丝绸之路国际剧院、博物馆、艺术节、图书馆、美术馆联盟成员单位达到500多家，涉及卫生、教育、科技、文化、社区发展等多个领域。这些项目和行动促进了沿线各国民间社会的文明交流和互学互鉴，不断巩固人民友好情谊，凝聚起构建人类命运共同体的广泛共识。十一年来，“一带一路”为共建国家创造42万个工作岗位，让将近4000万人摆脱贫困。共建“一带一路”，有助于推动全球经济走出阴霾，迈上高质量建设复苏之路，使各国获得更多发展机会，让共建成果更好惠及民生。

（四）坚持市场导向

共建“一带一路”，是中国倡议的战略构想，但不是中方的援助项目，更不是慈善事业。建设项目的成功与否，取决于是否有实际需求和经济效益。在项目推进中，各方既注重发挥好政府的协调服务功能，也积极发挥市场的调节和资源配置作用，减少对市场主体的束缚，真正形成政府搭台、企业唱戏的格局，使企业真正成为推动“一带一路”建设的主体和驱动力。在实施中，中国按照共商共建共享的原则，以互联互通为基础，以正确的义利观为指导，推行多元化的合作机制，积极推动中国企业“走出去”，促进共建国家和地区企业的参与合作，创新合作方式，致力于打造以利益共同体和市场共同体为基础的命运共同体，推动经济全球化朝着开放、包容、普惠、平衡、共赢的方向深入发展。在共建“一带一路”中，第三方市场合作（即中国企业与有关国家企业共同在第三方市场开展经济合作）是我国首创的国际合作新模式，是共建“一带一路”新的重要平台。近年来，在“一带一路”合作框架下，我国已与法国、日本、意大利、英国等国家签署第三方市场合作文件。在市场导向的项目建设中，中央企业坚持市场化、法治化、国际化原则，积极融入全方位对外开放大局，在高质量共建“一带一路”方面取得积极成效。十年来，中央企业以基础设施和产业园区建设为重点，有机融入和促进当地经济发展，累计承担境外的港口、铁路、机场等重大基础项目超过200个；中央企业境外机构直接带动项目所在地近百万员工就业；高铁、特高压、新一代移动通信、“华龙一号”走出国门，让“一带一路”共建国家和地区的人民享受到优质的产品与服务。

（五）坚持问题导向

“问题是时代的声音，回答并指导解决问题是理论的根本任务。”[①]“一带一路”建设实施过程中，面临全球经济增长乏力、市场风险大、地缘政治风险高、信任危机加剧、基础设施建设资金缺口大、各国规划协调对接困难多、政策沟通和经贸合作机制建设滞后、美国等西方国家抹黑攻击等复杂的问题和严峻的挑战。习近平始终强调，要完善共建“一带一路”安全保障体系，坚决维护主权、安全、发展利益，为我国改革发展稳定营造良好外部条件。在推动共建“一带一路”高质量发展中，中国坚持问题导向，一方面强化底线思维，强化安全意识，加强对形势的预判研判，有效应对外部环境变化带来的

①新华通讯社：《学习贯彻党的二十大精神评述》，新华出版社2023年版，第304页。

挑战；另一方面聚焦重点工作，做好重大项目评估论证，提高安全保障水平，提高项目所在国人民的获得感。如在丝路基金运作方面，截至2022年8月，丝路基金全部和部分退出项目达到15个，退出金额超过25亿美元，不仅充分体现了投资者价值，实现资金循环可持续，而且守住了不发生重大风险事件与保障国有资产安全的底线，保持了良好的国际形象和市场声誉。中国统筹国内国际两个大局，促进国内国际双循环，深刻把握许多具体新的时代特点的伟大斗争，充分认识伟大斗争的长期性、复杂性、艰巨性，把战略的坚定性和策略的灵活性结合起来，既从战略高度和全局维度思考处理问题，又从策略上解难题，灵活调整斗争策略，努力追求斗争实效，不断推动共建“一带一路”取得新进展。

（六）坚持着眼长远

中国在推动共建“一带一路”高质量发展中，始终秉持共商共建共享原则，坚持开放、绿色、廉洁理念，与相关国家共同把“一带一路”建设成为和平之路、繁荣之路、开放之路、绿色之路、创新之路、文明之路、廉洁之路，努力实现高标准、惠民生、可持续目标。如为推进共建“一带一路”绿色发展和合作应对气候变化，中国积极推动建立共建“一带一路”绿色低碳发展合作机制，与联合国环境规划署签署《关于建设绿色“一带一路”的谅解备忘录》，与有关国家及国际组织签署50多份生态环境保护合作文件；与31个共建国家共同发起“一带一路”绿色发展伙伴关系倡议，与32个共建国家共同建立“一带一路”能源合作伙伴关系；发起建立“一带一路”绿色发展国际联盟，成立“一带一路”绿色发展国际研究院，建设“一带一路” 生态环保大数据服务平台，帮助共建国家提高环境治理能力、增进民生福祉。这种发展理念着眼于长远解决人类共同面临的发展赤字难题，着眼于持久增进相关国家民生福祉，既考虑自身利益、又考虑伙伴利益，既考虑长远需要、又考虑现实可能的合作方式，超越了基于地缘政治利益构建势力范围的模式，为世界经济可持续增长开辟了新空间、增添了新动力。

共建“一带一路”倡议追求的是发展，崇尚的是共赢，传递的是希望。以“一带一路”推动建设合作共赢的开放体系，是我国扩大开放的重大战略举措和经济外交的顶层设计，是新时代中国特色大国外交的伟大实践。历经十年发展，从亚欧大陆到非洲、美洲、大洋洲，"一带一路"的朋友圈越来越大，好伙伴越来越多，合作质量越来越高，发展前景越来越好。共建"一带一路"搭建了广泛参与的国际合作平台和构建人类命运共同体的实践平台，受到国际社会的普遍欢迎，为提振全球经济复苏信心、促进全球治理体系改革、增强共建国家和地区共同应对风险挑战的能力、更好惠及共建国家和地区民生，提供了中国方案，注入了中国力量，作出了中国贡献。

第二章 "一带一路"倡议背景下对外文化传播的理论渊源

在全球化不断深化的今天，文化的交流与传播日益成为国际合作与交流的重要桥梁。作为新时代的国际合作新平台，"一带一路"倡议不仅致力于经济繁荣与互联互通，更在文化传播上承载着深厚的理论渊源。本章将探讨"一带一路"倡议背景下对外文化传播的理论基础，从"和合"理念与马克思主义"总体性"哲学两个维度出发，为"一带一路"倡议背景下的文化传播提供理论支撑与实践指导。

第一节 传承与转化："和合"理念

一、"和合"理念的内涵与价值

"和合"理念，作为中华民族传统文化的核心之一，具有深厚的历史渊源和丰富的思想内涵。

（一）古代"和合"思想的内涵与特点

在当今世界，随着"一带一路"倡议的深入推进，中华文化的对外传播也迎来了新的历史机遇。在这一进程中，古代中国的"和合"思想以其独特的魅力，成为连接不同文明、促进交流互鉴的重要桥梁。

1. 古代"和合"思想的内涵

"和合"思想，作为中华民族传统文化的核心之一，源远流长，博大精深。它强调的是和谐、统一与融合，主张不同元素、不同文化之间的和谐共处、相互融合，以达到共同发展的目的。在古代中国，"和合"思想贯穿于哲学、政治、文化等多个领域，为中华民族的繁荣与发展提供了重要的精神支撑。

(1)儒家思想中的“和合”

儒家思想以“和为贵”为核心理念,主张人与人之间的和谐相处。孔子曾言:“礼之用,和为贵”。这里的“和”,既指人与人之间的和谐,也指国家之间的和平共处。儒家思想认为,通过修身齐家治国平天下,可以实现个人、家庭、国家乃至天下的和谐。在“一带一路”对外文化传播中,儒家思想中的“和合”理念,有助于促进共建国家之间的友好交往与和平发展。

(2)道家思想中的“和合”

道家思想强调“天人合一”,主张人与自然的和谐共生。道家认为,人类应当顺应自然规律,与自然和谐相处,实现人与自然的和谐统一。在“一带一路”对外文化传播中,道家思想中的“和合”理念,有助于引导共建国家树立绿色发展理念,共同应对全球性环境问题,实现可持续发展。

(3)墨家思想中的“和合”

墨家思想主张“兼爱非攻”,强调国家之间的和平共处。墨子认为,战争是破坏和谐、造成灾难的根源,因此主张通过和平谈判解决国家之间的争端。在“一带一路”对外文化传播中,墨家思想中的“和合”理念,有助于推动共建国家之间的和平合作,共同维护地区和平稳定。

2.“和合”理念的特点

“和合”理念,作为中国传统文化的核心价值之一,具有独特而深邃的特点。这一理念强调的是一种和谐共生、融合发展的精神,其特点可以从以下几个方面进行阐述。

(1)“和合”理念强调尊重与包容

在多元文化并存的当今世界,各种文化之间的差异和冲突不可避免。然而,“和合”理念倡导在尊重各自文化的基础上,通过对话、交流和合作,达到相互理解、相互尊重,进而实现和谐共生。这种尊重与包容的精神,是“和合”理念得以广泛传播和实践的基础。在“一带一路”建设中,各国文化差异、发展水平不一,但“和合”理念倡导尊重彼此的差异,通过平等对话和协商,寻求最大公约数,形成广泛共识。

(2)“和合”理念注重平衡与协调

在复杂多变的社会环境中,各种利益关系交织在一起,容易引发矛盾和冲突。而“和合”理念则强调通过平衡各方利益、协调各方关系，达到和谐稳定的状态。这种平衡与协调的精神，有助于化解矛盾和冲突，促进社会的和谐稳定。

(3)“和合”理念倡导合作共赢

在全球化的今天，各国之间的联系日益紧密，相互依存度不断提高。而“和合”理念则强调在合作中实现共赢，通过互利互惠的方式，实现共同发展。这种合作共赢的精神，有助于促进国际合作与交流，推动全球经济的繁荣与发展。

(4)“和合”理念具有普遍的适用性和深远的影响力

它不仅适用于处理国家与国家之间的关系，也适用于处理人与人之间的关系。同时，“和合”理念所倡导的和谐共生、融合发展的精神，对于推动人类文明进步、构建人类命运共同体具有重要意义。因此，“和合”理念具有普遍的适用性和深远的影响力。“和合”理念鼓励创新思维和实践，推动新技术、新业态、新模式的发展和应用。这有助于激发“一带一路”共建国家的经济活力和发展潜力。

3.古代“和合”思想的历史价值与现实意义

(1)历史价值

古代“和合”思想在中国历史上发挥了重要作用。它促进了中华民族的团结与统一，推动了中国社会的发展与进步。同时，“和合”思想也影响了周边国家和地区，促进了不同文明之间的交流与融合。在“一带一路”倡议背景下，古代“和合”思想的历史价值得到了进一步彰显。

(2)现实意义

在当今世界，全球化趋势日益加强，不同文明之间的交流与碰撞日益频繁。在这一背景下，古代“和合”思想具有重要的现实意义。它有助于引导共建国家树立正确的文化观和历史观，摒弃文化霸权主义和文化自卑主义，推动不同文明之间的平等对话与交流互鉴。同时，“和合”思想也有助于促进共建国家的经济合作与发展，实现互利共赢、共同繁荣。

“一带一路”倡议为中华文化的对外传播提供了重要机遇。在这一进程中,古代"和合"思想以其独特的魅力发挥着重要作用。我们应当深入挖掘和传承这一宝贵的精神财富,为推动不同文明之间的交流与融合贡献中华智慧和中国力量。

(二)"和合"思想在当代的价值

在全球化的浪潮下,世界各国之间的联系日益紧密,不同文化、不同文明之间的交流也变得愈发频繁。然而,这种交流在带来文化多样性的同时,也难免产生文化冲突和文明碰撞的问题。在这样的背景下,中国古代的"和合"思想为我们提供了一种解决文化冲突、促进文化融合的重要思路,其在"一带一路"对外文化传播中展现出了独特的当代价值。

1."和合"思想的核心理念

"和合"思想强调的是和谐、统一与融合,它主张在尊重多元文化的基础上,通过对话、交流、合作等方式,寻求不同文化之间的共同点,以实现文化的和谐共生和共同发展。这一思想体现了中华民族深厚的文化底蕴和包容精神,也为我们处理当代文化冲突提供了宝贵的智慧。

2."和合"思想在当代社会的价值

(1)促进文化交流与互鉴

在"一带一路"倡议背景下,中国与共建国家之间的文化交流日益频繁。通过举办文化节、艺术展览、学术研讨会等活动,不同文化得以相互展示、相互了解。在这个过程中,"和合"思想发挥了重要作用。它鼓励各国在尊重彼此文化差异的基础上,积极寻求共同点,通过对话、交流等方式增进彼此之间的了解与友谊。例如,中国与中亚国家共同举办的文化节活动,不仅展示了各自的文化特色,也促进了不同文化之间的交流与互鉴。

(2)化解文化冲突与分歧

在全球化的过程中,不同文化之间的冲突和分歧难以避免。而"和合"思想则为我们提供了一种化解这些冲突和分歧的思路。它强调在尊重多元文化的基础上,通过对话、协商等方式寻求共同点和解决方案。这种思想有助于增进不同文化之间的理解与信任,减少误解与偏见,从而化解文化冲突与分歧。例如，在“一带一路”建设中，中国与共建国家在项目合作中遇到的文化差异问题，通过“和合”思想的引导，双方能够积极沟通、寻求共识，最终实现项目的顺利推进。

(3)构建人类命运共同体

“和合”思想倡导的是和谐共生、共同发展的理念，这与构建人类命运共同体的目标相契合。在“一带一路”倡议背景下，中国积极推动共建国家的合作与发展，通过共建共享、互利共赢的方式实现共同繁荣。这种合作模式有助于增进各国之间的友谊与信任，推动全球治理体系的完善和发展。同时，“和合”思想也提醒我们，在全球化时代，各国应摒弃零和博弈的思维方式，树立合作共赢的理念，共同应对全球性挑战和问题。

以“一带一路”共建国家中的希腊为例，中希两国在文化、历史等方面有着深厚的渊源。在“一带一路”倡议背景下，两国加强了文化交流与合作。例如，中国艺术家在希腊举办画展、音乐会等活动，向当地民众展示中华文化的魅力；同时，希腊艺术家也来到中国进行交流演出，增进了两国之间的友谊与了解。这种文化交流与合作正是“和合”思想在当代社会中的生动体现。

“一带一路”对外文化传播中，“和合”思想在当代具有重要的价值。它有助于促进文化交流与互鉴、化解文化冲突与分歧、构建人类命运共同体。在未来的发展中，我们应继续弘扬“和合”思想，推动不同文化之间的和谐共生和共同发展。

二、“和合”理念在“一带一路”倡议中的应用及影响

“一带一路”倡议自提出以来，便在全球范围内引起了广泛的关注和热烈的反响。这一倡议旨在通过加强国际合作，促进共建国家的经济发展、文化交流与民生改善，进而推动构建人类命运共同体。在这一过程中，“和合”理念作为中国传统文化的精髓之一，发挥着至关重要的作用。[①]下面将从理

①陈月娥，李红冠：《以中华传统文化推进“一带一路”国际经济理念创新》，《群言》2024年第2期。

念引领下的国际合作、文化融合与"和合"思想的实践等方面，详细阐述"和合"理念在"一带一路"倡议中的应用。

（一）"和合"理念在"一带一路"倡议中的具体应用

1.政策沟通中的"和合"实践

政策沟通在"一带一路"建设中扮演着至关重要的角色，它是确保合作项目顺利推进和实施的基础。在这一过程中，"和合"理念得到了深刻体现，具体表现为尊重各国的主权和利益关切，以及加强政府间的沟通与协调。

"和合"理念在政策沟通中的实践，首先体现在对各国主权的尊重上。在"一带一路"倡议背景下，各国拥有平等的参与权和决策权。这要求我们在政策沟通中，充分尊重各国的主权和独立性，避免干涉他国内政。通过平等对话和协商，各国可以就共同关心的问题达成一致，形成合作共识。

"和合"理念还体现在对各国利益关切的关注上。在推进"一带一路"建设的过程中，不同国家有着不同的利益诉求和关切。因此，在政策沟通中，我们需要深入了解各国的利益关切，并充分考虑这些关切对合作项目的影响。通过加强沟通和协调，我们可以找到满足各方利益的平衡点，实现互利共赢。

高层互访和磋商机制是"和合"式政策沟通的重要渠道。通过高层互访，各国领导人可以就合作规划、项目实施等进行深入交流，增进相互了解和信任。同时，磋商机制也为各国政府提供了定期交流的平台，使各方能够及时沟通信息、协调立场，确保合作项目能够按照既定目标顺利推进。

"和合"理念在政策沟通中的实践，有助于加强各国之间的互信与合作，推动"一带一路"建设不断取得新进展。通过尊重各国的主权和利益关切，加强政府间的沟通与协调，我们可以共同推动构建人类命运共同体，实现共同繁荣与发展。

2.设施联通中的"和合"体现

设施联通作为"一带一路"建设的优先领域，其重要性不言而喻。在这一过程中，"和合"理念得到了深刻体现，它强调的不仅是基础设施的物理连接，更是各国之间在合作中追求共赢、共同发展的精神纽带。

首先,设施联通的“和合”体现在合作共赢的核心理念上。在基础设施建设过程中,各国不再是简单的竞争关系,而是转变为相互依赖、共同发展的合作伙伴。通过共同出资、规划和建设交通、能源、通信等基础设施网络,各国打破了地域限制和瓶颈制约,有效提升了区域整体的互联互通水平。这种合作模式不仅为各国带来了实实在在的利益,也为区域经济的繁荣和发展注入了新的活力。

其次,“和合”理念还体现在与当地社会的沟通和协作上。在设施联通项目中,各国注重与当地社会的沟通和协作,确保项目符合当地实际需求和长远发展利益。通过深入了解当地社会、经济和文化环境,各国能够更好地融入当地社会,与当地人民建立深厚的友谊和互信。这种沟通和协作不仅有助于项目的顺利实施,也为当地社会带来了实实在在的好处,促进了当地经济的繁荣和发展。

最后,“和合”式的设施联通不仅促进了贸易便利化和经济繁荣,也增进了人民之间的友谊和互信。随着基础设施网络的不断完善,各国之间的贸易往来日益频繁,人民之间的交流和互动也日益增多。这种交流和互动不仅加深了各国人民之间的了解和友谊,也为区域经济的繁荣和发展奠定了坚实的基础。

总之,“和合”理念在设施联通中的体现,展现了“一带一路”建设合作共赢、共同发展的精神内核。通过加强各国之间的合作与沟通,共同推进基础设施建设,我们不仅能够实现经济的繁荣和发展,还能够增进人民之间的友谊和互信,为构建人类命运共同体贡献力量。

3.贸易畅通中的“和合”作用

“一带一路”倡议中的“和合”作用在贸易畅通方面表现得尤为突出。这一倡议强调共商、共建、共享的原则,促进了不同国家之间的开放合作,为全球经济发展注入了新的活力。

首先,“一带一路”倡议通过推动基础设施的互联互通,为贸易畅通打下了坚实基础。铁路、公路、水运、航空等多种运输方式的高效联动,使得生产端和消费市场的时空距离不断压缩,贸易流通更加有质量和效率。这种基础设施的完善不仅有利于本国经济的发展,也为周边国家乃至全球经济的繁荣提供了有力支撑。

其次，“一带一路”倡议注重贸易投资自由化便利化，致力于建立更加均衡、平等和可持续的贸易体系。通过与共建国家签署自贸协定等方式，推动贸易投资规模的稳步扩大和结构的不断优化。这不仅有助于促进各国经济的互补和协同发展，也符合全球经济一体化的大趋势。

最后，“一带一路”倡议还强调了民心相通的重要性。通过各种项目和活动，加强民众间的交流和沟通，提升共建国家对“一带一路”倡议的认同和支持。这种民心相通的氛围为贸易畅通的实现提供了良好的社会基础和环境保障。

总的来说，“一带一路”倡议中的“和合”作用在贸易畅通方面发挥了重要作用。它推动了基础设施的互联互通、促进了贸易投资自由化便利化、加强了民心相通的建设，为全球经济的开放合作和世界经济复苏注入了新动能。未来，随着“一带一路”建设的深入推进，这种“和合”作用将更加凸显，为世界经济的繁荣发展作出更大贡献。

4.资金融通中的“和合”助力

“一带一路”倡议的推进离不开资金融通的有力支撑。在这一过程中，“和合”理念发挥了至关重要的助力作用。首先，资金融通的核心在于推动金融机构的多元化和国际合作。随着“一带一路”倡议的深入实施，越来越多的金融机构加入这一宏大工程中，形成了多元化的金融服务体系。这些金融机构不仅涵盖了传统的商业银行、政策性银行，还包括了投资银行、基金、保险公司等多元化金融机构，为“一带一路”项目提供了全方位的金融支持。

在推动金融机构多元化发展的同时，“和合”理念还体现在加强金融监管和信息共享机制的建设上。各国金融机构在合作过程中，积极加强监管合作，共同制定和执行金融监管标准，确保金融市场的稳定和健康发展。同时，通过信息共享机制的建立，各国金融机构能够及时了解市场动态和风险情况，为投资决策提供更加准确的信息支持。这种合作不仅增强了金融体系的稳健性，也为“一带一路”建设提供了更加稳定可靠的金融支持。

除了加强金融监管和信息共享外，“和合”理念还鼓励金融机构创新产品和服务模式。在“一带一路”建设中，各国金融机构根据项目的实际情况和需求，不断创新金融产品和服务模式，满足多样化的市场需求。例如，针对基础设施建设项目的长期性和高风险性特点，金融机构可以提供长期贷款、项目融资等定制化服务。这些创新产品和服务不仅为项目提供了更加灵活和多样化的融资选择，也推动了金融机构自身的业务发展和创新能力提升。

5.民心相通中的“和合”文化

民心相通是“一带一路”建设的社会基础，而“和合”文化在其中扮演着重要角色。在文化交流和民间互动中，“和合”理念得到了广泛传播和实践。各国通过举办文化节、艺术展览、教育交流等活动，增进了人民之间的相互了解和友谊。这些活动不仅展示了各国的优秀文化传统和艺术成果，也为人们提供了了解不同文化的机会和平台。

“一带一路”倡议还积极推动旅游合作和体育交流等项目。通过旅游合作，各国人民可以亲身体验到不同国家的自然风光、人文景观和民俗风情；通过体育交流，各国人民可以在比赛中增进友谊、切磋技艺、共同提高。这些项目不仅加深了人民之间的了解和友谊，也为“一带一路”建设营造了更加良好的社会氛围和民意基础。

“和合”理念在资金融通和民心相通两大领域中都发挥了重要作用。在资金融通方面，它推动了金融机构的多元化和国际合作，加强了金融监管和信息共享机制的建设，鼓励了金融机构创新产品和服务模式；在民心相通方面，它促进了文化交流和民间互动，增进了人民之间的相互了解和友谊，为“一带一路”建设奠定了坚实的民意基础和社会氛围。

（二）“和合”理念在“一带一路”倡议中的深远影响

“一带一路”倡议自提出以来，便以“和合”理念为核心，秉持着开放、包容、合作、共赢的精神，致力于促进共建国家的经济增长、社会发展和文化交流。在这一宏大框架下，“和合”理念的广泛应用产生了深远而广泛的影响，为共建国家乃至全球带来了新的发展机遇和挑战。

1.促进经济增长与共同发展

“和合”理念在“一带一路”倡议中首先体现为促进经济增长与共同发

展。通过加强经贸合作和产业对接，共建国家得以实现资源共享和市场拓展，从而提升整体经济实力和竞争力。具体来说，各国在基础设施建设、能源开发、产业园区建设等领域展开了广泛合作，形成了优势互补、互利共赢的局面。这不仅有助于提升各国的经济增长速度和质量，还有助于改善投资环境和生活条件，为经济社会发展注入新的活力。

在“和合”理念的指导下，“一带一路”倡议还推动了共建国家的经济结构调整和产业升级。各国通过引进先进技术和管理经验，加快传统产业转型升级步伐，同时积极培育新兴产业和绿色产业，实现了经济的可持续发展。这种经济增长方式不仅有助于提升各国的经济实力和竞争力，还有助于推动全球经济的绿色、低碳、可持续发展。

2.推动区域一体化进程

“和合”理念在“一带一路”倡议中还表现为推动区域一体化进程。在“一带一路”框架下，各国加强政策协调和制度对接，形成了更加紧密的经济联系和网络。这种区域一体化的趋势有助于消除贸易壁垒和市场分割现象，实现更大范围内的资源配置和优化升级。

具体而言，“一带一路”倡议推动了共建国家在贸易、投资、金融、科技等领域的合作和交流。各国通过签署贸易协定、建立自由贸易区、推动跨境投资等方式，实现了商品和资本的自由流动和高效配置。同时，各国还加强了金融合作和监管协调，共同防范金融风险和保障金融稳定。这些举措不仅有助于促进共建国家的经济繁荣和发展，还有助于推动区域经济的整体提升和进步。

3.增强国际影响力与话语权

“和合”理念在“一带一路”倡议中还体现为增强国际影响力与话语权。通过广泛征求各方意见和凝聚共识，中国成功地将“一带一路”倡议转化为国际公共产品，为全球治理体系变革提供了新的思路和方案。这不仅展示了中国的负责任大国形象和大国担当，也为推动构建人类命运共同体作出了积极贡献。

在“和合”理念的指导下，“一带一路”倡议倡导了开放、包容、合作、共赢的国际秩序观和发展观。各国在合作中尊重彼此的主权和利益关切，坚持平等相待、互利共赢的原则,共同推动全球经济的繁荣和发展。这种国际秩序观和发展观不仅有助于推动全球治理体系的变革和完善,还有助于推动构建更加公正、合理、有效的国际政治经济新秩序。

“和合”理念在“一带一路”倡议中产生了深远而广泛的影响。它促进了经济增长与共同发展、推动了区域一体化进程、增强了国际影响力与话语权。这些影响不仅有助于提升共建国家的经济实力和竞争力,还有助于推动全球经济的繁荣和发展。同时,“和合”理念也为我们提供了一种新的思维方式和发展模式,为实现全球治理体系的变革和完善提供了新的思路和方案。

第二节 借鉴与发展:马克思主义“总体性”哲学

在全球化深入发展的今天,文化传播已成为连接不同文明、促进国家间相互理解与合作的重要桥梁。在“一带一路”倡议的宏大背景下,对外文化传播不仅承载着促进经济繁荣的使命,更肩负着增进文明互鉴、推动构建人类命运共同体的崇高使命。马克思主义“总体性”哲学以其深刻的哲学基础和广阔的理论视野,为我们理解和推动“一带一路”倡议背景下的对外文化传播提供了有力的理论支撑。

一、马克思主义“总体性”哲学的基本内涵

(一)哲学基础

在对外文化传播的广阔领域中,马克思主义“总体性”哲学作为坚实的哲学基础,为我们提供了独特的理论框架和深刻的分析工具。这一哲学思想,作为马克思主义理论体系的核心组成部分,以其独特的视角和深邃的洞见,为我们在全球化背景下理解和推动对外文化传播提供了重要的指导。

马克思主义“总体性”哲学强调从整体上把握社会现象,揭示社会发展的普遍规律和内在动力。这一思想要求我们在研究问题时,超越片面的、孤立的视角,以全面的、联系的、发展的眼光审视事物。在对外文化传播领域,这一哲学思想显得尤为重要。因为文化传播不仅仅是一种单向的信息传

递，更是一种双向的、复杂的、多维度的互动过程。它涉及不同文化之间的碰撞、融合、借鉴和创新，需要我们在全球视野下审视其复杂性和多样性。

首先，马克思主义“总体性”哲学提醒我们，在对外文化传播中要注重整体性和系统性。这意味着我们不能仅仅关注某一文化元素或某一传播渠道，而应当将其置于整个文化交流和传播的大背景中进行考察。只有从整体出发，我们才能更好地理解文化传播的复杂性和多样性，把握不同文化之间的内在联系和共同价值。

其次，马克思主义“总体性”哲学强调联系的观点。在对外文化传播中，各种文化元素、传播渠道、受众群体等之间都存在着千丝万缕的联系。这些联系构成了文化传播的复杂网络，使得文化传播成为一个多维度的互动过程。因此，我们需要深入分析这些联系，揭示它们之间的相互作用和影响，以便更好地把握文化传播的规律和趋势。

再次，马克思主义“总体性”哲学注重发展的观点。在全球化背景下，不同文化之间的交流和传播呈现出日新月异的变化。我们需要以发展的眼光看待这些变化，把握文化传播的新趋势和新特点。同时，我们还要积极推动文化创新和发展，以适应全球化时代的需求和挑战。

总之，马克思主义“总体性”哲学为我们在对外文化传播领域提供了重要的哲学基础和理论框架。它提醒我们要站在全球视野下审视文化传播的复杂性和多样性，注重整体性和系统性、联系的观点以及发展的观点。

（二）“总体性”在现代社会中的应用

随着全球化的加速和信息技术的迅猛发展，现代社会已不再是单一、孤立的存在，而是一个高度复杂、多元交织的共同体。在这样的时代背景下，马克思主义“总体性”哲学为我们提供了一种独特且富有洞见的分析工具，帮助我们更全面、更深入地理解并解决现代社会面临的种种挑战。在对外文化传播领域，这种“总体性”的思维方式更是显得尤为重要。

首先，马克思主义“总体性”哲学要求我们从整体上把握社会现象，这种整体性在现代社会中表现为一种全局观和系统论。在对外文化传播中，这意味着我们不能仅仅关注单一的文化元素或传播渠道，而是要将其置于全球化的大背景中进行考察。只有这样,我们才能更准确地把握不同文化之间的相互影响和融合趋势,进而找到实现文化多样性的有效路径。

其次,马克思主义“总体性”哲学强调联系的观点,这一观点在现代社会中同样具有深刻的指导意义。在对外文化传播中,各种文化元素、传播渠道、受众群体等之间都存在着千丝万缕的联系。这些联系不仅构成了文化传播的复杂网络,还使得不同文化之间的交流和融合变得更加紧密和深入。通过运用“总体性”哲学的联系观点,我们可以更加深入地分析这些联系,揭示它们之间的相互作用和影响,从而找到推动文化多样性的关键因素。

再次,马克思主义“总体性”哲学注重发展的观点,这一观点在现代社会中同样具有重要意义。在全球化背景下,不同文化之间的交流和传播呈现出日新月异的变化。通过运用“总体性”哲学的发展观点,我们可以更加敏锐地捕捉到这些变化,把握文化传播的新趋势和新特点。同时,我们还可以根据这些变化调整我们的传播策略和方法,以适应全球化时代的需求和挑战。

在对外文化传播中,实现文化多样性不仅是一个重要的目标,更是一个复杂的过程。在这个过程中,我们需要运用马克思主义“总体性”哲学的思想方法,从整体上把握社会现象,深入分析不同文化之间的相互影响和融合趋势。同时,我们还需要注重联系的观点和发展的观点,以找到实现文化多样性的有效路径。

总之,马克思主义“总体性”哲学在现代社会中的应用为我们提供了一种全新的分析和解决问题的视角。在对外文化传播领域,这种“总体性”的思维方式不仅有助于我们更深入地理解文化传播的复杂性和多样性,还有助于我们找到实现文化多样性的有效路径。这对于推动不同文化之间的交流和融合、促进人类文明的共同进步和发展具有重要的意义。

二、马克思主义“总体性”哲学在“一带一路”倡议背景下的体现

(一)宏观视角下的国际合作

在全球化的浪潮中,国际合作已成为推动世界经济发展的重要力量。特别是在“一带一路”倡议的推动下,各国之间的经济、文化、科技交流日益

频繁,共同发展的理念深入人心。马克思主义“总体性”哲学为我们提供了一个宏观的视角,使我们能够深刻理解国际合作的重要性和必要性,从而更好地推动“一带一路”倡议的实施。

1.马克思主义“总体性”哲学与国际合作

马克思主义“总体性”哲学强调从全局和整体的角度看待问题,认为世界是一个相互联系、相互依存的整体。在这种哲学思想的指导下,国际合作显得尤为重要。因为只有通过国际合作,各国才能共同应对全球性挑战,实现共同发展和繁荣。

(1)超越狭隘的国家利益观

在传统的国家利益观中,各国往往只关注自身的利益,而忽视了与其他国家的合作与共赢。然而,在全球化的今天,任何国家都无法独善其身。只有通过国际合作,各国才能共同应对全球性挑战,如气候变化、恐怖主义、跨国犯罪等。因此,我们需要超越狭隘的国家利益观,树立共同发展和繁荣的理念。

(2)加强国际合作与交流

国际合作与交流是推动世界经济发展的重要动力。通过国际合作与交流,各国可以相互学习、相互借鉴,共同推动科技进步和产业升级。同时,国际合作与交流还可以促进文化多样性的发展,增进各国人民之间的友谊和互信。

2.“一带一路”倡议与国际合作的实践

“一带一路”倡议是中国提出的一项跨国界、跨文化的宏大工程,旨在加强中国与共建国家的经济合作和文化交流。自倡议提出以来,已得到越来越多国家的支持和响应。在推动“一带一路”倡议的过程中,国际合作发挥着至关重要的作用。

(1)基础设施建设合作

基础设施建设是“一带一路”倡议的重要内容之一。通过加强基础设施建设合作,各国可以共同推动交通、能源、通信等领域的互联互通。这不仅有助于促进贸易和投资自由化便利化,还有助于加强各国之间的经济联系和合作。

(2)经贸合作

经贸合作是“一带一路”倡议的核心内容之一。通过加强经贸合作,各国可以共同推动贸易和投资自由化便利化,促进经济增长和就业。同时,经贸合作还可以推动产业结构的优化升级和技术创新。在“一带一路”倡议的推动下,各国之间的经贸合作日益频繁和深入。例如,中国与共建国家签订了大量贸易协定和投资协议,推动了双边贸易和投资的快速增长。

(3)文化交流与合作

文化交流与合作是“一带一路”倡议的重要组成部分。通过加强文化交流与合作,各国可以增进相互了解和友谊,促进文化多样性的发展。同时,文化交流与合作还可以为经济合作提供有力支撑。在“一带一路”倡议的推动下,各国之间的文化交流与合作日益频繁和深入。打造职业教育国际合作平台是扩大职业教育高水平对外开放、服务“一带一路”倡议的重要举措。自2013年以来,我国职业教育国际合作平台建设历经初步探索阶段、多元拓展阶段和高质量发展阶段,形成了助力国际人力资源开发的技术技能人才培养国际合作平台、服务企业“走出去”的应用科研与技术服务国际合作平台、促进民心相通的跨文化交流互鉴国际合作平台。步入新的发展阶段,高质量打造职业教育国际合作平台需要以专业群为基础,整合升级国际化技术技能人才培养合作平台;对接“走出去”企业技术创新需求,提升应用科研与技术服务平台效能;回应国际文化交流和“民心相通”需求,全面优化跨文化交流互鉴国际合作平台功能。[①]

“一带一路”倡议的成功实施离不开各国之间的紧密合作和共同努力。马克思主义“总体性”哲学为我们揭示了国际合作的重要性和必要性。在推动“一带一路”倡议的过程中,我们需要站在全球的高度审视问题,超越狭隘的国家利益观,以共同发展和繁荣为目标,加强国际合作与交流。只有这样,我们才能共同应对全球性挑战,推动世界经济的持续健康发展。

(二)总体布局下的文化交流与传播

在“一带一路”倡议的宏伟蓝图下,文化交流与传播被赋予了前所未有

①张慧波:《“一带一路”倡议背景下职业教育国际合作平台的实践类型与发展路径》,《中国职业技术教育》2024年第10期。

的重要性与意义。马克思主义"总体性"哲学为我们提供了深刻的理论支撑,指导我们在总体布局下,以更加全面、深入、细致的方式推动文化交流与传播,实现不同文化之间的平等对话与和谐共生。

1.马克思主义"总体性"哲学与文化交流传播

在文化交流与传播领域,"总体性"哲学思想要求我们摒弃狭隘的文化观念,以开放、包容、平等的态度对待不同文化,推动不同文化之间的交流与融合。

(1)尊重文化多样性

文化多样性是人类社会的宝贵财富。在"一带一路"倡议背景下,我们应尊重不同国家的文化背景和实际情况,承认并尊重文化多样性。这要求我们在文化交流与传播过程中,避免文化霸权和文化歧视,以平等、友好的态度对待不同文化,促进不同文化之间的平等交流和相互借鉴。

(2)推动文化平等交流

文化平等交流是文化交流与传播的核心。在"一带一路"倡议背景下,我们应积极推动不同文化之间的平等交流,鼓励各国人民相互学习、相互借鉴。这要求我们在文化交流与传播过程中,注重发挥文化的桥梁和纽带作用,通过文化展览、文艺演出、教育交流等多种形式,增进不同文化之间的了解和友谊。

(3)倡导文化相互借鉴

文化相互借鉴是推动文化进步的重要途径。在"一带一路"倡议背景下,我们应倡导不同文化之间的相互借鉴,鼓励各国人民在保持自身文化特色的基础上,吸收其他文化的优秀元素,推动文化创新和发展。这要求我们在文化交流与传播过程中,注重挖掘和传承各国文化的优秀传统,同时积极引进和借鉴其他文化的先进理念和经验。

2.总体布局下的文化交流与传播策略

在"一带一路"倡议的框架下,我们需要制定总体布局下的文化交流与传播策略,以更好地推动不同文化之间的交流与融合。

(1)制定文化交流与传播规划

为了推动“一带一路”倡议背景下的文化交流与传播,我们需要制定详细的规划。这包括确定文化交流与传播的目标、任务、内容、形式等,以及制定具体的实施计划和时间表。通过规划,我们可以确保文化交流与传播工作的有序进行,提高工作效率和效果。

(2)加强文化交流与传播基础设施建设

文化交流与传播需要一定的基础设施支持。在“一带一路”倡议背景下,我们应加强文化交流与传播基础设施建设,如建设文化中心、图书馆、博物馆等设施,为文化交流与传播提供便利条件。同时,我们还应加强文化交流与传播人才的培养和引进,提高文化交流与传播的专业水平。

(3)推动文化产业合作与发展

文化产业是文化交流与传播的重要载体。在“一带一路”倡议背景下,我们应积极推动文化产业合作与发展,鼓励各国在文化产业领域开展合作与交流。这包括共同开发文化旅游资源、合作拍摄影视作品、共同举办文化节庆活动等多种形式。通过文化产业合作与发展,我们可以促进不同文化之间的深入交流与融合。

(4)拓展文化交流与传播渠道

为了扩大文化交流与传播的影响力和覆盖面,我们需要拓展文化交流与传播渠道。这包括利用互联网、社交媒体等新媒体平台,加强线上文化交流与传播;同时,我们还应加强线下文化交流与传播活动,如举办文化展览、文艺演出、教育交流等。通过拓展文化交流与传播渠道,我们可以让更多人了解和参与到“一带一路”倡议背景下的文化交流与传播中来。

总之,马克思主义“总体性”哲学为我们提供了深刻的理论支撑和指导思路。通过制定总体布局下的文化交流与传播策略,加强文化交流与传播基础设施建设,推动文化产业合作与发展以及拓展文化交流与传播渠道等措施的实施,我们可以更好地推动不同文化之间的交流与融合,实现不同文明之间的和谐共生和共同进步。

第三章 “一带一路”倡议背景下对外文化传播的历史基础与传播风险

第一节 历史基础

一、古代丝绸之路的历史回顾

（一）丝绸之路的开辟与繁荣

丝绸之路，这条连接东西方的古老贸易与文化交流之路，自其诞生之初便以其独特的魅力与深远的影响，成为人类文明史上的一道亮丽风景线。它不仅是东西方贸易的桥梁，更是文化交流的纽带，见证了不同文明之间的碰撞、融合与繁荣。

1. 丝绸之路的起源与命名

丝绸之路的起源可追溯到公元前2世纪，当时的中国正处于西汉王朝时期。为了寻求与西域诸国的贸易往来和外交联系，汉武帝派遣张骞出使西域，这一历史性的使命开启了丝绸之路的序幕。丝绸之路得名于其贸易的主要商品——丝绸，但实际上，这条贸易路线上的商品种类繁多，远不止丝绸一种。它的命名，既体现了东西方贸易的核心内容，也反映了丝绸之路在东西方文化交流中的重要地位。

丝绸之路的主要路线包括陆上丝绸之路和海上丝绸之路。陆上丝绸之路从中国的长安（今西安）出发，向西穿越中亚、西亚，直至地中海沿岸的罗马帝国。而海上丝绸之路则从中国的东南沿海出发，经过南海、印度洋，到达红海、东非和欧洲。这两条路线共同构成了古代东西方贸易与文化交流的主要通道。

2. 丝绸之路的贸易繁荣

丝绸之路的贸易繁荣是其最为显著的特点之一。在这条贸易路线上，中国的丝绸、瓷器、茶叶等商品源源不断地输往西方，而西方的香料、宝石、药材等也大量传入中国。这种双向的贸易往来不仅丰富了共建国家的物资供应，也促进了各国经济的繁荣发展。

以丝绸为例，作为中国的特产，丝绸在丝绸之路上的贸易中占有举足轻重的地位。它以其精美的工艺、独特的质地和丰富的文化内涵，深受西方人的喜爱。通过丝绸之路，丝绸传到了罗马、拜占庭等欧洲国家，成为当时贵族阶层争相购买的奢侈品。同时，中国的瓷器、茶叶等商品也在丝绸之路上广受欢迎，成为东西方贸易中的重要商品。

3. 丝绸之路的文化交流

丝绸之路不仅是贸易的桥梁，更是文化交流的纽带。在这条贸易路线上，不同文明之间的宗教、艺术、科技等领域的交流频繁而深入。

在艺术领域，丝绸之路上的文化交流也表现得十分活跃。中国的绘画、雕塑、音乐、舞蹈等艺术形式通过丝绸之路传播到西方，为西方艺术注入了新的元素和灵感。同时，西方的绘画技巧、音乐风格等也传入中国，促进了中国艺术的创新与发展。

在科技方面，丝绸之路上的交流同样丰富多彩。中国的四大发明（造纸术、印刷术、火药、指南针）通过丝绸之路传播到西方，对世界科技的发展产生了深远的影响。同时，西方的数学、天文学、医学等科技知识也通过丝绸之路传入中国，促进了中国科技的发展与创新。

4. 丝绸之路的使者与探险家

在丝绸之路的开辟与繁荣过程中，许多使者与探险家都作出杰出的贡献。张骞作为丝绸之路的开辟者之一，其出使西域的壮举不仅为汉朝与西域诸国建立了联系，也为后来的丝绸之路贸易与文化交流奠定了基础。班超则是另一位杰出的使者，他多次出使西域，巩固了汉朝与西域诸国的友好关系。此外，还有如马可·波罗等外国探险家，他们的经历与影响也极大地推动了丝绸之路上的文化交流与贸易繁荣。

5. 丝绸之路的衰落与复兴

随着时代的变迁和历史的演进，丝绸之路在历经数百年繁荣后逐渐走向衰落。其原因既有自然环境的变迁、政治局势的动荡等外部因素的影响，也有内部因素的制约。尽管如此，丝绸之路的历史地位和文化价值依然无法被忽视。

随着全球化的推进和“一带一路”倡议的提出，丝绸之路的复兴再次成为人们关注的焦点。许多国家纷纷加入“一带一路”的建设中来，共同推动丝绸之路共建国家的经济、文化等领域的交流与合作。这不仅有助于促进共建国家的繁荣发展，也有助于推动全球文化的交流与融合。

（二）丝绸之路对中外文化交流的贡献

丝绸之路，这条跨越千山万水的古老贸易和文化交流之路，自古以来便是连接东西方的桥梁，为中外文化交流作出了不可磨灭的贡献。从文化多样性的丰富、科技传播的推动、宗教信仰的扩散，到艺术风格的融合以及国际关系的构建，丝绸之路都发挥了至关重要的作用。

1. 文化多样性的丰富

丝绸之路的开辟与繁荣极大地丰富了全球的文化多样性。在这条道路上，来自不同地域、不同民族、不同国家的文化得以相遇、碰撞、交流和融合。中国的儒家文化、印度的佛教文化、波斯的伊斯兰文化、罗马的基督教文化等，在丝绸之路上相互交织、相互影响，共同构成了丰富多彩的世界文化景观。

2. 科技传播的推动

丝绸之路在科技传播方面也发挥了重要作用。中国的四大发明——造纸术、印刷术、火药、指南针，在丝绸之路上传播到西方，极大地推动了西方科技的发展。造纸术和印刷术的传入，为西方文化的传承和发展提供了重要的物质基础；火药的传入，改变了西方的战争方式，推动了军事技术的革新；指南针的传入，则为西方的航海事业提供了重要的技术支持。

同时，丝绸之路也促进了西方科技在中国的传播。西方的天文学、数学、医学等科技知识通过丝绸之路传入中国，对中国的科技发展产生了深远的影响。例如,西方的天文学知识促进了中国天文历法的改进;西方的数学知识推动了中国数学的发展;西方的医学知识则丰富了中国医学的内容。

3.艺术风格的融合

丝绸之路上的文化交流也促进了艺术风格的融合与创新。东西方艺术在丝绸之路上相互借鉴、相互融合,形成了独特的艺术风格。中国的书法、绘画、陶瓷等艺术形式在丝绸之路上得到广泛传播,并对西方艺术产生了影响。

4.国际关系的构建

丝绸之路在构建古代国际关系中也发挥了重要作用。通过丝绸之路的贸易和文化交流,不同国家之间建立了友好的外交关系和经济合作关系。例如,汉朝与西域诸国通过丝绸之路建立了紧密的联系和贸易往来;唐朝则与波斯、阿拉伯等地建立了广泛的友好关系。这些友好关系的建立不仅促进了各国之间的经济繁荣和文化交流,还为世界和平与发展奠定了基础。

综上所述,丝绸之路对中外文化交流的贡献是多方面的、深远的。它不仅丰富了全球的文化多样性还推动了科技传播、宗教信仰的扩散以及艺术风格的融合。同时丝绸之路还构建了古代国际关系为世界的和平与发展作出重要贡献。

二、近现代中国与共建国家的文化交流

(一)文化交流的历史变迁

丝绸之路,这一古老而辉煌的文化交流之路,自古以来就承载着中外文化交融的历史使命。然而,近现代以来,中国与共建国家的文化交流经历了从封闭到开放、从局限到多元、再到全球化背景下的深入融合的历史变迁。特别是在“一带一路”倡议的推动下,中国与共建国家的文化交流迎来了新的机遇与挑战。

1.清末民初的封闭与局限

清末民初,中国实行闭关锁国政策,严重限制了与世界的文化交流。这一政策导致中国在国际舞台上逐渐孤立,文化交流的渠道被堵塞,中国与共

建国家的文化交流陷入了停滞状态。与此同时，西方列强的侵略也给中华文化带来了前所未有的冲击与影响。他们不仅带来了先进的科学技术和思想观念，也带来了文化的碰撞与冲突。然而，这种文化交流是单向的、被动的，缺乏平等和互动。

2.改革开放后的开放与多元

改革开放政策的实施，为中国与共建国家的文化交流打开了新的局面。中国政府积极推动对外开放，加强与国际社会的交流与合作。在教育领域，中国鼓励留学生赴国外学习，同时也积极引进外国留学生来华深造。这种双向的留学交流不仅促进了学术和知识的传播，也加深了不同文化之间的理解和尊重。在艺术领域，中国积极举办国际艺术节、文化展览等活动，展示了中国传统文化的独特魅力，也吸收了国外艺术的精华。在科技领域，中国加强了与国际社会的科技合作与交流，共同推动科技创新与发展。这种开放与多元的文化交流格局，为中国与共建国家的文化交流注入了新的活力。

3.全球化背景下的深度融合

随着全球化的深入发展，中国与共建国家的文化交流进入了一个新的阶段。全球化不仅促进了经济全球化和贸易自由化的发展，也推动了文化全球化和文化多样性的发展。在这一背景下，中国与共建国家的文化交流更加深入、广泛和多元。各国之间的文化交流不再局限于传统的教育、艺术和科技领域，而是涵盖了经济、政治、社会等多个方面。同时，随着互联网和新媒体的普及和发展，文化交流的方式和手段也更加多样化和便捷化。这种深入融合的文化交流格局，不仅促进了各国之间的文化相互理解和尊重，也推动了世界文化的繁荣和发展。

4.“一带一路”倡议背景下的新机遇

“一带一路”倡议的提出和实施，为中国与共建国家的文化交流带来了新的机遇。这一倡议旨在通过加强共建国家的经济合作和文化交流，推动构建人类命运共同体。在文化交流方面，“一带一路”倡议注重加强共建国家的文化互鉴和文明对话，推动不同文化之间的平等交流和共同发展。共建国家通过举办文化论坛、艺术展览、电影节等活动，加强了彼此之间的文化交流和合作。同时，中国还积极推动与共建国家在文化遗产保护、文化旅游开发等领域的合作与交流。这种共同推动文化交流与合作的举措不仅促进了各国之间的文化相互了解和尊重也推动了共建国家的共同发展和繁荣。

“一带一路”倡议背景下，宁夏的文化产业与文化事业的发展备受瞩目。宁夏政府深谙文化产业的重要性，自“十四五”规划以来，通过一系列政策文件的制定与实施，如《宁夏回族自治区文化和旅游发展“十四五”规划》等，为宁夏文化产业的发展提供了整体规划、政策扶持和资金投入的全方位支持。

政府不仅关注文化产业的整体布局，还积极设立“宁夏年度重点文化项目”，旨在通过品牌项目的引领，推动文化产业的高质量发展。此外，宁夏各级政府还通过“文化惠民季”等活动，将文化发展的成果直接惠及群众，丰富当地群众的文化生活。

在区域特色文化资源的开发利用上，宁夏充分展现了其独特的资源优势。非物质文化遗产作为宁夏文化的重要组成部分，得到了高质量的保护性开发。截至目前，已有1项列入联合国教科文组织人类非物质文化遗产名录，18项成为国家级代表性项目，自治区更是公布了99项代表性目录。同时，宁夏通过非物质文化遗产、代表传承人、非遗生产保护基地等多层次载体，形成了全领域、多维度的文化资源保护、传承与利用体系。①

宁夏还注重文化品牌的打造，如葡萄酒文化小镇、镇北堡影视城、枸杞文化小镇等，这些特色文化项目不仅为宁夏文化产业的高质量发展提供了丰富的资源支撑，更成为宁夏与世界文化交流的重要窗口。通过这些努力，宁夏在“一带一路”倡议背景下，为沿线各区域的合作奠定了坚实的民意基础和文化底蕴。

（二）深化合作，共创未来

在“一带一路”倡议的推动下，中国与共建国家的文化交流进入了一个崭新的发展阶段，展现出了前所未有的深度和广度。

①任秀荣：《“一带一路”倡议背景下发展宁夏文化产业的新机遇》，《村委主任》2023年第6期。

1.旅游成为文化交流新热点

中国与共建国家的旅游合作日益密切，为双方文化交流注入了新动力。例如，中国的“丝绸之路”旅游线路，不仅涵盖了古代丝绸之路的共建国家，还扩展到了更多新的目的地。这一旅游线路吸引了大量外国游客，他们在中国感受了几千年的历史文化，如西安的兵马俑、敦煌的莫高窟等。同时，中国游客也通过这一线路，深入了解了共建国家的独特风情，如哈萨克斯坦的草原风光、乌兹别克斯坦的古城遗址等。这种双向的旅游交流，不仅促进了经济的繁荣，更深化了双方人民的文化认同和友谊。

2.媒体合作加强文化传播

媒体在文化交流中扮演着至关重要的角色。中国与共建国家通过加强媒体合作，共同传播各自的文化特色和价值观。例如，中国与俄罗斯合作拍摄的纪录片《“一带一路”：共筑梦想》，通过讲述两国在“一带一路”倡议背景下的合作故事，展现了中俄两国人民的深厚友谊和共同愿景。此外，中国国际电视台（CGTN）也在全球范围内积极推广中华文化，为各国人民提供了了解中华文化的窗口。这种媒体合作不仅促进了信息的传播和交流，也加深了各国人民对彼此文化的理解和认同。

3.民间文化交流活跃

民间文化交流是文化交流的重要组成部分。中国与共建国家的民间组织、社会团体、艺术家等通过举办各种文化交流活动，增进了彼此之间的了解和友谊。例如，中国的“欢乐春节”活动已经在全球多个国家和地区成功举办，通过展示中国传统文化的魅力，吸引了大量外国观众的关注和喜爱。同时，中国的艺术家也积极参与共建国家的文化艺术节等活动，与当地艺术家共同创作、演出，促进了双方文化的交融和互鉴。

4.青年交流成为新动力

青年是文化交流的重要力量。中国与共建国家加强青年交流，通过举办青年论坛、夏令营等活动，让青年一代成为文化交流的积极参与者和推动者。例如，中国的“一带一路”青年领袖论坛已经成为共建国家青年领袖交流的重要平台。在这个论坛上，来自不同国家的青年领袖共同探讨合作与发展的话题,分享彼此的经验和见解。这种青年交流不仅促进了青年一代的相互了解和友谊,也为各国文化的传承和发展培养了新的接班人。

在“一带一路”倡议的推动下,中国与共建国家的文化交流呈现出更加深入、广泛和多元的特点。通过旅游、媒体、民间组织和青年交流等多种形式,双方加强了彼此之间的了解和友谊,为构建人类命运共同体贡献了自己的力量。同时,这种文化交流也为各国文化的繁荣和发展注入了新的动力。

(三)文化交流对“一带一路”倡议的启示

随着“一带一路”倡议的深入推进,文化交流在其中的作用愈发凸显。文化交流不仅有助于增进共建国家之间的相互理解与信任,推动文化多样性的发展,还能增强中国的国际影响力,促进经济合作与发展。

1.促进相互理解与信任

文化交流在“一带一路”倡议中起到了桥梁和纽带的作用,有助于消除误解与偏见,为经济合作奠定坚实基础。在推进“一带一路”建设过程中,由于各国历史文化背景的差异,很容易产生误解和隔阂。通过文化交流,各国人民可以更加深入地了解彼此的文化传统、价值观念和思维方式,增进相互理解和信任。

在“一带一路”共建国家中,中国与巴基斯坦的友谊源远流长。两国通过举办文化节、艺术展览、电影周等活动,加强了文化交流和人民之间的友谊。这种文化交流不仅增进了两国人民对彼此文化的了解,也为双方经济合作奠定了坚实基础。如今,中巴经济走廊已经成为“一带一路”建设的重要项目之一,为两国经济发展带来了巨大机遇。

2.推动文化多样性发展

文化交流有助于推动共建国家文化多样性的发展,尊重不同文化,促进文化创新与融合。在“一带一路”倡议背景下,各国文化的交流与融合日益频繁,各种文化元素相互碰撞、交融,形成了丰富多彩的文化景观。

中亚地区拥有悠久的历史和丰富的文化遗产,在“一带一路”倡议的推动下,中国与中亚国家加强了文化交流与合作,共同举办了多场文化节、艺术展览等活动。这些活动不仅展示了中亚国家独特的文化魅力,也促进了中国与中亚国家文化的相互了解和借鉴。同时，中亚国家的艺术家也积极参与中国的文化艺术活动，为中国观众带来了全新的艺术体验。这种文化交流不仅丰富了人们的文化生活，也推动了文化多样性的发展。

3.增强国际影响力

通过文化交流，中国在国际社会的影响力得到了显著提升。中华文化的独特魅力和深厚底蕴吸引了越来越多的外国友人的关注。在“一带一路”倡议背景下，中国通过举办文化节、电影节、文化论坛等活动，向世界展示了中华文化的独特魅力，增强了国际社会对中华文化的认同感和好感度。

中国的“欢乐春节”活动已经成为全球知名的文化品牌之一。每年春节期间，中国都会在世界各地举办盛大的庆祝活动，包括文艺演出、民俗展示、美食品鉴等。这些活动不仅让外国友人感受到了中国春节的喜庆氛围和独特魅力，也加深了他们对中华文化的了解和喜爱。通过这种文化交流方式，中国在国际社会的影响力得到了进一步提升。

4.促进经济合作与发展

文化交流为经济合作与发展提供了有力支持。在“一带一路”倡议背景下，各国通过文化交流增进了相互了解和信任，为经济合作奠定了坚实基础。同时，文化交流也为各国之间的贸易、投资等合作提供了更多的机会和渠道。

中国与中亚国家之间的能源合作就是一个典型的例子。在“一带一路”倡议的推动下，中国与中亚国家加强了能源领域的合作与交流。通过举办能源论坛、签订能源合作协议等方式，双方建立了稳定的能源合作关系。这种能源合作不仅促进了双方经济的发展和繁荣，也为全球能源安全作出了积极贡献。

第二节 传播风险

在“一带一路”倡议的推动下，中国与共建国家之间的文化交流日益频繁，这不仅为各国人民带来了丰富的文化体验，也为经济合作与发展注入了新的活力。然而，在文化传播的过程中，由于文化差异、语言障碍、习俗差异以及文化偏见与刻板印象等因素的存在，也面临着诸多挑战与风险。本节将深入探讨这些挑战与风险，并结合具体案例进行分析。

一、文化传播中的挑战与风险

在“一带一路”倡议背景下，共建国家涵盖了不同的文化背景，包括价值观念、宗教信仰、风俗习惯等方面的差异。这些差异在文化交流过程中可能导致误解与冲突，从而影响合作的顺利进行。

（一）文化差异导致的误解与冲突

1.文化背景差异分析

价值观念的差异是文化交流中最显著的挑战之一。不同国家有着不同的价值观体系，这些价值观体系在一定程度上影响着人们的思维方式、行为准则和决策过程。例如，在某些国家，商业活动被视为个人奋斗和成功的象征，而在另一些国家，商业活动则更加注重集体利益和社会责任。这种差异可能导致在合作过程中出现沟通障碍和误解。

宗教信仰的差异也是文化交流中的重要因素。共建国家中存在着多种宗教信仰，如佛教、伊斯兰教、基督教等。不同的宗教信仰有着不同的教义、仪式和禁忌，这些差异在文化交流中可能导致误解和冲突。例如，在某些国家，宗教仪式和节日被视为重要的社会活动，而在其他国家，这些活动可能并不受到足够的重视。这种差异可能导致在合作过程中出现不尊重对方宗教信仰的情况，进而影响合作关系。

风俗习惯的差异也可能导致误解和冲突。不同国家有着不同的礼仪、餐饮、节庆等方面的习俗，这些习俗在文化交流中可能产生误解。例如，在某些国家，握手是一种常见的问候方式，而在其他国家，人们可能更习惯于鞠躬或拥抱。这种差异可能导致在合作过程中出现不必要的尴尬和误解。

2.跨文化交流障碍

在“一带一路”倡议背景下，跨文化交流障碍是另一个需要关注的问题。这些障碍主要包括语言障碍和习俗差异。

（1）语言障碍

语言障碍是跨文化交流中最直接的问题。由于共建国家使用着不同的语言，这使得在合作过程中需要进行大量的翻译工作。然而，翻译的准确性往往受到多种因素的影响,如翻译人员的专业水平、语言习惯等。此外,一些专业术语和文化词汇的翻译也可能存在困难,这可能导致信息传达的不准确和误解。

(2)习俗差异

除了语言障碍外,习俗差异也是跨文化交流中的重要问题。例如,在某些国家,商业活动中送礼被视为一种重要的社交方式,而在其他国家,这种行为可能被视为不道德或违法的。这种差异可能导致在合作过程中出现麻烦和误解。

3.文化偏见与刻板印象

在跨文化交流中,文化偏见与刻板印象是另一个需要关注的问题。由于历史、政治、经济等方面的原因,一些人对其他文化持有片面理解和偏见。这种偏见和刻板印象可能导致在合作过程中出现不尊重对方文化的情况,进而影响合作关系的健康发展。

为了打破文化偏见和刻板印象,我们需要加强文化教育和宣传。通过向公众介绍不同文化的特点和价值,增进对不同文化的理解和尊重。同时,我们也需要加强文化交流与合作,通过举办文化节、艺术展览、电影周等活动,让不同文化之间有更多的接触和交流机会,从而增进文化间的相互理解和尊重。

“一带一路”倡议背景下的文化传播面临着诸多挑战与风险。为了克服这些挑战和风险,我们需要加强文化教育、提高跨文化交流能力、打破文化偏见和刻板印象等方面的工作。

(二)传播渠道的限制与障碍

在“一带一路”倡议背景下,中国与共建国家之间的文化传播面临诸多挑战,其中传播渠道的限制与障碍是不可忽视的一环。这些限制与障碍主要源于地理位置、基础设施、政治环境、政策法规以及信息技术发展与应用等方面。

1.地理位置与基础设施

(1)地理位置对文化传播的影响

地理位置是影响文化传播的首要因素。在“一带一路”共建国家中,有些国家与中国地理位置相隔遥远,这使得文化传播的难度增加。此外,不同国家之间的时差也增加了沟通的时间难度,使得文化传播的即时性和互动性受到挑战。

(2)基础设施建设的完善与改进

基础设施建设的完善程度对文化传播具有重要影响。通信网络、交通等基础设施的建设水平直接决定了信息传播的速度、范围和效果。在“一带一路”共建国家中,一些国家的基础设施建设相对滞后,通信网络覆盖不全、交通不便等问题较为突出。这导致文化传播的渠道受限,信息传递的效率和准确性受到影响。例如,在非洲的一些国家,由于电力供应不足、通信网络覆盖不全等问题,导致当地媒体无法及时获取和传递国际新闻和文化信息。

为了克服地理位置和基础设施的限制,中国政府积极推动与共建国家的基础设施建设合作。例如,通过建设高速铁路、公路、港口等交通设施,加强中国与共建国家之间的互联互通;同时,加强通信网络建设,提高信息传输的速度和稳定性。这些举措有助于扩大文化传播的覆盖范围,提高传播效果。

2.政治环境与政策法规

(1)政治环境对文化传播的限制

政治环境是影响文化传播的重要因素之一。在“一带一路”共建国家中,不同国家的政治体制、政治稳定性和政治关系存在差异,这可能导致文化传播受到不同程度的限制。例如,在一些政治环境不稳定的国家,政府可能会对媒体进行严格控制,限制新闻自由和文化交流。此外,一些国家之间存在的政治争端和矛盾也可能影响文化传播。

(2)政策法规对媒体传播、文化交流的约束与影响

政策法规对媒体传播和文化交流具有重要影响。不同国家的政策法规对媒体的管理、审查和传播方式有不同的规定。在“一带一路”共建国家中,一些国家的政策法规可能限制外国媒体的进入和运营,或者对文化交流的内容和形式进行审查。这可能导致文化传播的渠道受限,信息传播的效率和准确性受到影响。

为了克服政治环境和政策法规的限制，中国政府积极与共建国家开展政策沟通和合作。通过加强外交关系、签署合作协议等方式，推动双方在媒体传播和文化交流领域的合作。同时，中国政府也积极推动国内媒体和文化机构“走出去”，加强与共建国家的媒体和文化交流。这些举措有助于扩大文化传播的覆盖范围，提高传播效果。

3.信息技术发展与应用

(1)信息技术在文化传播中的应用与挑战

信息技术的发展为文化传播提供了新的渠道和方式。在“一带一路”倡议背景下，信息技术在文化传播中的应用越来越广泛。通过互联网、社交媒体、移动应用等渠道，人们可以更加便捷地获取和传播文化信息。然而，信息技术的发展也带来了一些挑战。例如，网络信息安全问题、数字鸿沟问题、信息过载问题等都对文化传播产生了一定影响。

(2)如何利用新技术提升文化传播效果

为了充分利用新技术提升文化传播效果，我们需要采取以下措施：

第一，加强网络安全保障。建立健全网络安全体系，保障文化信息的传输安全。同时，加强对网络信息的监管和审查，防止不良信息的传播。

第二，缩小数字鸿沟。加大对互联网基础设施建设的投入力度，提高偏远地区和农村地区的网络覆盖率。同时，加强数字素养教育，提高公众对信息技术的认知和使用能力。

第三，优化信息传播渠道。利用社交媒体、移动应用等新媒体渠道，加强文化信息的传播和推广。同时，注重信息的筛选和整合，提高信息的质量和准确性。

第四，加强国际合作与交流。与共建国家开展信息技术领域的合作与交流，共同推动信息技术在文化传播领域的应用和发展。通过共同制定技术标准、共享资源等方式，提高文化传播的效率和效果。

为了克服这些限制和障碍，我们需要从多个方面入手，加强基础设施建设、推动政治环境改善、加强国际合作与交流以及充分利用新技术提升文化传播效果。

二、风险防控与应对策略

(一)文化交流与传播的优化策略

在“一带一路”倡议的推进过程中,文化交流与传播扮演着至关重要的角色。然而,随着合作的深入,我们也面临着来自不同方面的风险和挑战。为了有效地防控这些风险,并优化文化交流与传播策略,我们需要从以下几个方面着手。

1.文化研究与人才培养

(1)加强对共建国家文化的研究与理解

文化研究与理解是文化交流与传播的基础。我们需要深入研究共建国家的文化背景、价值观念、社会习俗等,以便更好地理解他们的文化需求和接受习惯。这有助于我们制定更具针对性和有效性的文化传播策略。例如,我们可以设立专门的研究机构或组织专家学者开展相关研究,形成系统的文化研究报告,为文化交流与传播提供有力支持。

(2)培养具备跨文化交流能力的专业人才

跨文化交流能力是文化传播成功的关键。我们需要培养一批具备跨文化交流能力的专业人才,他们不仅需要具备深厚的语言功底,还需要了解不同文化的差异和相似之处,能够灵活应对各种文化冲突和误解。为此,我们可以加强高校教育中的跨文化交流课程设置,提供实习和实践机会,帮助学生提高跨文化交流能力。同时,我们也可以组织专业培训活动,为从事文化交流与传播工作的人员提供持续学习和提升机会。

2.媒体合作与信息共享

(1)加强与共建国家媒体的合作关系

媒体是文化传播的重要载体。我们需要积极与共建国家的媒体建立合作关系,通过互访、交流、合作报道等方式,增进相互了解和信任。例如,我们可以与共建国家的主流媒体签署合作协议,共同开展新闻报道、文化交流等活动;我们也可以邀请共建国家的媒体记者来中国采访报道,让他们亲身感受中国的文化魅力。

(2)推动信息共享,拓宽文化传播渠道

信息共享是优化文化传播渠道的重要手段。我们需要积极推动与共建国家的信息共享机制建设,通过共享新闻资源、文化产品等方式,拓宽文化传播的渠道和范围。例如,可以建立“一带一路”文化交流与合作信息平台,为各国媒体和文化机构提供信息交流和资源共享服务;我们也可以利用社交媒体等新媒体渠道,加强文化信息的传播和推广。

3.民间交流与互动

(1)鼓励民间文化交流与互访活动

民间交流是文化交流与传播的重要组成部分。需要鼓励民间文化交流与互访活动,通过文化交流节、艺术展览、音乐会等形式,增进相互了解和友谊。这有助于更好地传递中华文化,同时也有助于我们了解共建国家的文化动态和需求。例如,可以组织“一带一路”文化节等活动,邀请共建国家的文化机构和艺术家来中国参加展览和演出;也可以鼓励中国民间文化团体赴共建国家开展文化交流活动。

(2)搭建民间交流平台,促进文化深入交流与合作

为了促进文化深入交流与合作,我们需要搭建民间交流平台。这些平台可以为民间文化交流和合作提供便利和支持,推动文化产业的合作与发展。例如,可以建立“一带一路”文化交流合作中心等机构,为民间文化交流和合作提供场所和资源;也可以组织文化产业论坛等活动,为文化产业合作提供交流和合作的机会。

4.文化产品与服务的创新

(1)开发符合共建国家文化需求的文化产品与服务

文化产品与服务的创新是优化文化传播策略的重要手段。需要深入了解共建国家的文化需求和消费习惯,开发符合他们需求的文化产品与服务。这有助于更好地传播中华文化,同时也有助于提高文化产品的市场竞争力和影响力。例如,可以针对共建国家的文化特点,开发具有中国特色的文化产品如书籍、电影、音乐等;也可以为共建国家提供定制化的文化服务如文化交流项目、文化培训等。

(2)创新文化传播方式,提高文化吸引力与影响力

除了文化产品与服务的创新外,还需要创新文化传播方式。通过利用新媒体、虚拟现实、增强现实等先进技术手段,可以为观众带来更加生动、直观的文化体验。这有助于提高文化的吸引力和影响力,推动文化交流与传播的深入发展。例如,可以利用社交媒体平台推广文化信息,也可以利用虚拟现实技术为观众呈现历史场景和文化景观,还可以利用增强现实技术为观众提供互动式的文化体验。

在“一带一路”倡议的推进过程中,需要从文化研究与人才培养、媒体合作与信息共享、民间交流与互动以及文化产品与服务的创新等方面着手,制定有效的风险防控与应对策略。只有这样,才能更好地推动文化交流与传播的发展,促进共建国家之间的合作与理解。

(二)风险预警与应急处理机制

在“一带一路”倡议背景下,文化交流与传播面临着前所未有的机遇与挑战。为确保文化传播的顺利进行,需要建立一套完善的风险预警与应急处理机制。

1.风险预警系统建设

风险预警是应对文化传播风险的首要环节。为了及时发现并预防潜在风险,我们需要设立专门的风险预警机构或部门,并制定风险预警指标与监测体系。

(1)设立专门的风险预警机构或部门

风险预警机构或部门应负责全面收集、整理和分析与文化传播相关的风险信息。这些机构或部门需要具备专业的风险评估和分析能力,以及强大的信息收集和处理能力。例如,可以设立“一带一路”文化传播风险预警中心,汇聚各领域专家,共同开展风险预警工作。

(2)制定风险预警指标与监测体系

风险预警指标是评估风险水平的重要依据。我们需要根据文化传播的特点和共建国家的实际情况,制定一系列风险预警指标,如政治稳定性、经济发展水平、社会文化背景等。同时,还需要建立相应的监测体系,通过收集和分析各种数据和信息,实时掌握风险动态。

以政治稳定性为例，我们可以关注共建国家的政治局势、政策走向、政府决策等方面的信息。如果某个国家出现政治动荡或政策变化，可能会对文化传播产生负面影响。此时，风险预警机构或部门应及时发布预警信息，提醒相关部门和人员做好应对准备。

2. 风险评估与分析

风险评估与分析是风险预警的核心环节。通过对潜在风险点的识别和分析，我们可以制定相应的应对策略，降低风险发生的概率和影响程度。

(1)定期对文化传播中的风险进行评估与分析

为了及时发现潜在风险点，我们需要定期对文化传播中的风险进行评估与分析。评估过程应全面、客观、科学，涵盖政治、经济、文化等多个方面。通过评估，我们可以了解当前文化传播面临的主要风险和挑战，为制定应对策略提供依据。

(2)识别潜在风险点，制定相应的应对策略

在评估过程中，我们需要重点关注潜在风险点。这些风险点可能来自政治、经济、文化等多个方面，如政策变化、经济波动、文化差异等。针对这些风险点，我们需要制定相应的应对策略。例如，针对政策变化的风险点，我们可以加强与共建国家政府的沟通与交流，及时了解政策动态并调整传播策略；针对经济波动的风险点，我们可以关注国际经济形势和共建国家经济发展状况，制定相应的经济风险应对策略。

以文化差异为例，共建国家之间的文化差异可能导致文化误解和冲突。为了降低这种风险，需要加强对共建国家文化的研究与理解，并制定相应的文化适应策略。例如，在文化交流活动中，我们可以注重展示中华文化的多元性和包容性，同时尊重共建国家的文化传统和习俗；在传播中华文化时，我们可以采用当地的语言和文化符号，提高文化信息的可接受性和传播效果。

3. 应急处理预案制定

应急处理预案是应对文化传播风险的重要保障。在风险发生时，需要迅速启动应急处理预案，采取有效措施降低风险影响。

(1)制定针对不同风险的应急处理预案

针对不同类型的风险，需要制定相应的应急处理预案。这些预案应明

确应对措施、责任分工和处置流程等内容。例如，针对政治风险，我们可以制定政治风险应急处理预案，明确与政府部门的沟通机制、信息发布渠道和应对策略等；针对自然灾害风险，可以制定自然灾害应急处理预案，明确救援队伍组织、物资调配和灾后重建等内容。

（2）明确应急处理流程与责任分工

在应急处理预案中，需要明确应急处理流程与责任分工。这有助于确保在风险发生时，各部门和人员能够迅速响应、有序协作。例如，在应急处理流程中，可以明确信息报告、风险评估、决策制定、措施实施等各个环节的具体步骤和时间节点；在责任分工方面，可以明确各部门的职责和任务分工，确保各项应对措施得到有效落实。

4.危机管理与应对能力

危机管理是应对文化传播风险的关键环节。通过加强危机管理培训和提高应对能力，可以更好地应对各种突发情况。

（1）加强危机管理培训

为了提高危机应对能力，需要加强危机管理培训。这些培训可以涵盖危机识别、评估、应对和恢复等方面的内容，帮助相关人员掌握危机管理的基本知识和技能。同时，我们还可以通过案例分析、模拟演练等方式，提高应对突发情况的实战能力。

（2）定期组织应急演练

应急演练是检验预案有效性和提高应对能力的重要手段。需要定期组织应急演练，模拟各种突发情况并测试应急处理预案的有效性。通过演练，可以发现预案中存在的问题和不足，并及时进行改进和完善。同时，演练还可以帮助相关人员熟悉应急处理流程和提高应对突发情况的反应速度。

5.国际合作与协调

在“一带一路”倡议的推动下，文化传播的风险确实呈现出跨国性和全球性的特点。这不仅要求我们国内的文化机构和企业在对外传播时保持高度警惕，更需要我们与共建国家加强合作与协调，共同应对这些风险。

信息共享与沟通无疑是国际合作中的核心环节。通过及时、准确的信息共享，我们可以确保各方对文化传播的现状和趋势有清晰的认识，从而能够有针对性地制定策略和措施。同时，有效的沟通还能帮助我们消除误解和疑虑，增进彼此的理解和信任，为进一步的合作打下坚实基础。

在实际操作中，可以通过建立定期的信息交流机制、举办文化交流活动等方式来促进信息共享与沟通。例如，可以设立专门的文化传播风险防控信息平台，汇聚各类相关信息和数据，供各方查阅和使用。此外，还可以利用现代技术手段，如互联网、社交媒体等，拓宽信息传播渠道，提高信息传递效率。

当然，加强信息共享与沟通并不是一蹴而就的事情，需要各方共同努力、持续推进。只有这样，我们才能更好地适应全球化的发展要求，推动中华文化在更广阔的舞台上绽放光彩。

因此，必须重视信息共享与沟通在国际合作中的作用，不断完善相关机制和平台，加强与共建国家在文化传播领域的合作与交流，共同应对挑战、分享机遇，实现互利共赢的目标。

第四章 “一带一路”倡议与文化交流

自“一带一路”倡议提出以来，“一带一路”建设在“丝绸之路”沿线国家共同的文化记忆和历史基础上稳步前行。特别是2017年5月在北京召开了“一带一路”国际合作高峰论坛，全球100多个国家和国际组织共同参与，40多个国家和国际组织与中国签署合作协议，“一带一路”倡议进一步得到了世界瞩目。依据国家信息中心“一带一路”大数据中心数据分析，截至2017年12月，我国已经与53个“一带一路”沿线国家建立了734 对友好城市关系，与86个国家和国际组织签署了100份“一带一路”合作文件，并且沿线国家民众对“一带一路”合作的期待度和民心相通度也在逐渐提高。

国之交在于民相亲，民相亲在于心相通。“民心相通”是“一带一路”建设的长期保障和社会基础，习近平总书记在“一带一路”国际合作高峰论坛开幕式上强调指出，“一带一路”建设要以文明交流超越文明隔阂、文明互鉴超越文明冲突、文明共存超越文明优越，推动各国相互理解、相互尊重、相互信任。可见，“一带一路”就是促进沿线国家文明互鉴、文化交流的希望之路，“民心相通”是“一带一路”建设的核心一环，是“一带一路”建设的社会根基，文化交流则是对外传播的重要手段，是“一带一路”构建民心相通的重要传播途径。因此，在当前“一带一路”跨越发展期，需要我们积极加强与“一带一路”沿线国家和地区的文化交流和传播互动，推进双方民心民意的真诚沟通和互信理解，如此才能保障“一带一路”建设行稳致远，开启建构人类命运共同体的新征程。

第一节 “主体间性”文化交流

一、“主体间性”文化交流的概述

“主体间性”文化交流，作为一种新型的文化交流理念，其核心概念在于强调文化交流过程中的双向性、互动性和平等性。这一理念的理论基础源自哲学和社会学中的主体间性理论，该理论主张在理解他人时，应将他人视为具有自主性和主体性的存在，而非简单的客体或对象。在文化交流领域，这一理论意味着在交流中应尊重和理解不同文化的独特性和价值，避免单向的文化输出或接受。

（一）主体间性概念界定

当代文化传播的一个重要倾向就是从主体性到主体间性的转变。主体间性是当代传播学和哲学中一个非常重要的理论范畴。从字面词义分析，“主体间性”是指“在主体之间的”“位于主体之间的”，强调主体之间的相互关联和相互作用。“主体间性”概念的界定和理论的产生与“主体性”密不可分。主体性是西方现代性哲学的起点，集中体现了人类的理性精神和能力。主体性的概念一般被认为始于提出“我思故我在”的笛卡儿，在他的界定中，主体性被认为是在主客体相互作用的实践中表现出来的自主性、能动性、创造性、目的性等主体的属性。其实，马克思对人的本质的探讨，首先就是把人作为主体来看待的：人是一个特殊的个体，并且正是他的特殊性使他成为一个个体，成为一个现实的单个的社会存在物。同样，他也是总体，观念的总体，被思考和被感知的社会的自为的主体才能存在，正如他在现实中既作为对社会存在的直接和现实享受而存在，又作为人的生命表现的总体而存在一样。当人作为“社会的自为的主体”而存在时，人的本质才真正得以体现。①

但主体性思维是在“主体—客体”二元结构中进行的，具体地说，在主体性视角下，一切对象（物或他人）都作为与自我对立的客体存在。可想而知，这种认识模式在处理人与自然物的关系时是有效的，但在处理与人际交往相关的命题时则会陷入困境，无法实现真正意义上的传播。法兰克福学派曾如此描述“主体—客体”二元结构中的大众传播受众：资本主义的生产用灵和肉紧紧地控制住他们，使得他们心满意足地享受为他们提供的东西②，

①赵丕涛：《外事概说》，上海社会科学院出版社1995年版，第91页。

②【德】霍克海默，阿多尔诺：《启蒙辩证法》，洪佩郁等译，重庆出版社1990年版，第125页。

消费者可以随便地把他的冲动、模拟残余投射到摆在他面前的商品上面。观赏、聆听、阅读一个形象的主体将会忘乎所以、满无所谓、幻灭于其中，直到全面被控制的地步。受众便日渐丧失对自身命运的深切体察和对现存制度的质疑，他们被极其强大的教育和娱乐机器把他同其他人结合在一种麻木不仁的状态中，使他们不再萌生任何有害的念头。[①]中国学者包亚明也从主体与客体关系的异化角度来解释资本社会的异化本质，指出日常生活中的媒介文化更多只是一种幻象，被资本和意识形态编制的虚空行为。由于得不到真正意义的审美体验，日常生活变成“客体性的”而不再是“主体性的”。随着商品经济和市场经济的迅猛扩张，日常生活的这一变迁正是通过消费来进行的。消费物品变成了记号物，充满了想象投射和意识形态，而在吞食性的消费活动中，人们的孤独感与厌倦感却在不断增加。这种主体性的丧失，也就使人无法把握人之为人的独立存在及其价值。为了更好地张扬主体性，就必须将客体也当作平等的主体，进行对话和交往，由单一性的主体性转向主体间性。

学界普遍认为，“主体间性”的概念最早由德国现象学大师胡塞尔提出的。胡塞尔认为，单一主体的绝对主体性得以构建的基础实际上建立于主体间的关系结构之上。他指出，正如他人的身体存在于我的感知领域中一样，我的身体也存在于他人的感知领域中。[②]随后提出“编码—解码”理论的霍尔、“此在—共在”理论的倡导者海德格尔，“世界—肉身”理论的提出者梅洛·庞蒂，还有“交往理性”理论学说的倡导者哈贝马斯，都对“主体间性”概念和理论进行了探讨，力求摆脱“主—客”二元对立思维方式，在多元主体的平等对话中实现传播的实效。

可见，“主体间性”理论认为，自我与他人同为平等的主体，而不同主体通过中介客体进行交往和理解。从传播学角度来看，学界一般认为，“主体间性”是指主体与主体之间的相互性和统一性，是两个或多个主体的内在相关性，是主体与主体在对话和交往活动中所表现出来的以“交互主体”为中

①【美】马尔库塞:《爱欲与文明》，上海译文出版社 1987 年版，第 73 页。

②【德】胡塞尔:《生活世界现象学》，倪梁康，张廷国译，上海译文出版社 2002 年版，第 194 页。

心的和谐一致性，主体间性强调的是各主体之间的相互理解与沟通，以实现认同与达成共识。从根本上来看，主体间性强调主体与主体之间的相互性、统一性与内在相关性，关注主体与主体之间的相互理解与沟通，进而实现相互认同并最终达成共识，并使不同主体的主体性在主体间性中再次得到完善、丰富和显现。

当前，主体间性逐步被用于传播学研究，特别是对外传播研究领域，主体间性是对主体性的继承与超越，它超越了主体性的自我化倾向，既倡导主体间的共通性，又保留了主体性自身的特征，既不泯灭主体性，又强调整体性与和谐性。对外传播的核心就是跨越差异和障碍，促进不同主体在平等对话基础上的沟通和交流，具有很强的主体间性。这一理论有利于提高“一带一路”对外传播的有效性。“丝绸之路”自古以来就是基于多个文化主体之间的共生互动、相互吸引的模式在发展，而非“主体—客体”模式的单向线性文化输出或武力征服。正如著名丝路专家刘迎胜所指出的，丝绸之路起源于各人类文明中心之间的相互吸引。①因此，在推进“一带一路”对外传播中，需要充分运用“主体间性”理念，加强对沿线不同国家、不同地区的民族文化的尊重和平等对话。从某种意义上讲，“一带一路”文化交流就是“主体间性”文化交流。因此，这种由“主体性”到“主体间性”传播理念的转变，对我们当前“一带一路”的文化交流和文化传播具有重要的启示意义[31]。

（二）主体间性文化交流的理论基础

1.文化相对主义

文化相对主义是主体间性文化交流的重要理论基础之一。它认为不同文化之间具有相对性和多样性，每种文化都有其独特的价值和意义。在文化交流过程中，我们应该尊重和理解不同文化的独特性和价值，避免将自己的文化观念强加于他人。文化相对主义强调文化的多样性和平等性，为“主体间性”文化交流提供了坚实的理论基础。

---

①宋海胤：《主体间性视域下的丝绸之路文化传播路径与策略研究》，北京交通大学2016年硕士毕业论文。

2.跨文化沟通理论

跨文化沟通理论是主体间性文化交流的另一个重要理论基础。它关注不同文化背景下的个体如何进行有效沟通和交流。跨文化沟通理论强调在交流过程中应关注文化背景的差异,采用适当的沟通方式和策略,以实现有效的信息传递和相互理解。这一理论为“主体间性”文化交流提供了实践指导,帮助我们更好地理解和应对不同文化背景下的交流挑战。

3.文化认同理论

文化认同理论是主体间性文化交流的又一重要理论基础。它关注个体对自身所属文化的认同感和归属感,以及在不同文化之间的选择和融合。文化认同理论认为,个体在文化交流过程中会经历文化认同的冲突和融合,通过这一过程,个体可以逐渐建立起对多种文化的认同和尊重。这一理论为“主体间性”文化交流提供了心理层面的解释,有助于我们更好地理解文化交流过程中个体的心理变化和情感体验。

4.全球化与多元文化主义

全球化与多元文化主义是当代社会的重要趋势,也是主体间性文化交流的重要背景。全球化推动了不同文化之间的交流和融合,使得文化多样性成为当代社会的重要特征。多元文化主义则强调在尊重和理解不同文化的基础上,促进不同文化之间的和谐共存和发展。全球化与多元文化主义为“主体间性”文化交流提供了广阔的空间和机遇,同时也提出了更高的挑战和要求。

(三)主体间性理论在文化交流中的应用

在文化交流领域,主体间性理论为我们提供了一种新的视角和方法。传统的文化交流往往存在单向性和不平等性,即一种文化对另一种文化的单向输出或接受。这种交流方式不仅忽视了不同文化的独特性和价值,也容易导致文化冲突和误解。而主体间性文化交流则强调双向性、互动性和平等性,要求我们在交流中尊重和理解不同文化的独特性和价值,实现真正的平等对话和相互学习。

具体来说,主体间性文化交流包括以下几个方面:

第一，尊重不同文化的独特性和价值。在文化交流中，我们应该认识到每种文化都有其独特的价值和意义，没有高低优劣之分。只有当我们真正尊重和理解不同文化的独特性和价值时，才能实现真正的平等对话和相互学习。

第二，强调双向性和互动性。主体间性文化交流不是单向的文化输出或接受，而是双向的互动过程。在这个过程中，我们应该积极倾听他人的声音，了解他们的文化和生活方式，同时也应该将自己的文化介绍给他人，实现真正的双向交流。

第三，建立平等对话的机制。在文化交流中，我们应该建立平等对话的机制，让每个人都有机会表达自己的观点和看法。只有当我们真正平等地对待每个人时，才能实现真正的相互理解和尊重。

（四）主体间性文化交流的意义

在全球化的时代背景下，文化交流已不再是简单的文化输出或输入，而是成为推动国家间相互理解、增进友谊、促进合作的重要桥梁。特别是在“一带一路”倡议的推动下，共建国家间的文化交流日益频繁，而“主体间性”文化交流作为一种新型的文化交流方式，其现实意义愈发凸显。

1.有助于打破文化壁垒，消除文化误解

在全球化的进程中，由于历史、地理、宗教、政治等多方面的因素，不同文化之间往往存在着隔阂和误解。这种隔阂和误解不仅阻碍了国家间的交流与合作，也影响了人类文明的进步。而“主体间性”文化交流强调在交流中尊重和理解不同文化的独特性和价值，避免单向的文化输出或接受。这种交流方式有助于消除文化偏见和误解，增进不同文化之间的了解和认同，为国际合作和交流奠定坚实的基础。

以“一带一路”倡议背景下的中国与中亚国家的文化交流为例。中亚地区拥有丰富的历史文化遗产和独特的民族文化，但由于历史原因和政治因素的影响，中国与中亚国家之间的文化交流相对较少。然而，在“一带一路”倡议的推动下，中国与中亚国家之间的文化交流逐渐增多。通过举办文化展览、艺术演出、学术研讨会等活动，中国与中亚国家之间的文化交流和合作日益密切。这些活动不仅展示了中国和中亚国家丰富的文化内涵和独特魅力，也增进了双方人民之间的了解和友谊。这种基于“主体间性”的文化交流方式，有效地打破了文化壁垒，消除了文化误解，为双方的合作和交流提供了有力支持。

2.促进文化创新和发展，推动全球文化的繁荣和进步

在全球化的背景下，不同文化之间的交流和融合成为一种趋势。而“主体间性”文化交流强调在交流中尊重和理解不同文化的独特性和价值，鼓励不同文化之间的平等对话和相互学习。这种交流方式有助于激发文化创新的活力，推动全球文化的繁荣和进步。

以中国与东盟国家的文化交流为例。东盟国家拥有丰富多彩的民族文化和独特的艺术表现形式。在“一带一路”倡议的推动下，中国与东盟国家之间的文化交流日益频繁。双方通过举办文化节、艺术展览、电影周等活动，加强了对彼此文化的了解和认同。同时，这些活动也促进了双方文化产业的合作和发展。例如，中国电影在东盟国家的推广和发行取得了显著成果，越来越多的东盟观众开始了解和喜爱中国电影。这种基于“主体间性”的文化交流方式，不仅促进了双方文化的创新和发展，也推动了全球文化的繁荣和进步。

3.主体间性文化交流的实践意义

在全球化的浪潮中，文化交流扮演着越来越重要的角色。而“主体间性”文化交流作为一种新兴的文化交流模式，其实践意义尤为显著。它不仅有助于促进文化多样性的繁荣与发展，增进相互理解，推动文化创新，还能增进国际友谊与合作，促进经济繁荣，并最终弘扬人类共同价值。

(1)促进文化多样性

在全球化的背景下，文化多样性面临着前所未有的挑战。而“主体间性”文化交流正是应对这一挑战的有效方式。它强调文化的多样性和平等性，尊重不同文化的独特性和价值，鼓励不同文化之间的平等对话和交流。通过这种交流方式，各种文化得以相互借鉴、相互学习，从而实现共同发展。这不仅有助于打破传统的文化壁垒和偏见，还能促进文化多样性的繁荣和发展，使世界文化更加丰富多彩。

在“一带一路”倡议背景下，中国与共建国家开展了广泛的文化交流活动。这些活动不仅展示了中华文化的独特魅力，也让共建国家的人民更加深入地了解了中华文化。同时，中国也积极吸收和借鉴共建国家的优秀文化成果，推动了中华文化的创新和发展。这种双向互动的文化交流模式，不仅促进了文化多样性的繁荣，也增进了不同文化之间的相互理解和尊重。

(2)增进相互理解

“主体间性”文化交流注重双向性、互动性和平等性，强调在交流中保持开放和包容的态度。通过平等的对话和交流，不同文化之间可以逐渐摆脱自身的文化偏见和误解，更好地理解他人的文化观念和价值观。这种相互理解有助于减少文化冲突和误解，促进不同文化之间的和谐共存和发展。

(3)推动文化创新

“主体间性”文化交流鼓励不同文化之间的交流和融合，为文化创新提供了广阔的舞台。通过吸收和借鉴其他文化的优秀元素和成果，个体和群体可以创造出具有独特性和创新性的文化产品和服务。这种文化创新不仅有助于丰富文化多样性、提高文化软实力，还能推动文化产业的繁荣和发展。

(4)增进国际友谊与合作

“主体间性”文化交流通过平等的对话和交流，增进了不同国家人民之间的友谊和信任。这种友谊和信任有助于推动国家间的合作与交流，实现共同发展。通过文化交流活动，双方人民建立了深厚的友谊和信任关系，为双方的合作与交流奠定了坚实的 基础。这种基于“主体间性”的文化交流方式，有助于增进国际友谊与合作，推动构建人类命运共同体。

(5)促进经济繁荣与发展

文化交流与经济合作是相辅相成的。通过“主体间性”文化交流，不同国家之间的经济合作和交流也能得到加强。例如，在“一带一路”倡议背景下，中国与共建国家之间的旅游业、文化产业等领域的合作日益紧密。这些合作项目不仅为双方带来了可观的经济效益，也促进了双方经济的繁荣与发展。这种基于“主体间性”的文化交流方式，有助于推动经济繁荣与发展，实现互利共赢。

(6)弘扬人类共同价值

文化是人类共同的财富。通过“主体间性”文化交流,不同文化之间的共同点和价值理念将得到弘扬和传承。这种弘扬和传承有助于增进人类之间的共识和团结,推动构建人类命运共同体。在全球化的背景下,这种基于“主体间性”的文化交流方式具有重要的现实意义和深远的历史意义。

(五)主体间性在“一带一路”倡议中的适用性

“主体间性”作为一个哲学和社会学的概念,强调不同主体之间的相互性和交互性。当这一概念应用于文化交流领域时,它意味着在不同文化之间建立平等、尊重和互动的关系,以促进文化的相互理解和交融。而“一带一路”倡议作为中国提出的全球合作与发展倡议,为共建国家提供了一个广阔的平台,使得“主体间性”文化交流得以在其中得到深入的实践和体现。

1.平等与尊重:构建主体间性的基石

在“一带一路”框架下,“主体间性”文化交流的首要表现就是坚持平等和尊重的原则。这一原则不仅体现在政策沟通和规划上,更贯穿于文化交流的各种具体活动中。例如,在语言教育方面,中国与共建国家开展语言交换生项目,让更多的人有机会直接学习和体验对方的语言和文化。这种双向的文化交流活动有助于打破彼此之间的文化隔阂,促进更深层次的理解和认同。

同时,通过举办各类文化节、艺术展览和学术研讨会等活动,中国与共建国家之间搭建了文化交流的平台。这些活动不仅展示了各自文化的独特魅力,也促进了不同文化之间的对话和交流。在这个过程中,“主体间性”得到了充分体现——既不是单向的文化输出,也不是被动的文化接受,而是双方基于平等和尊重的良性互动。

2.互利共赢:实现主体间性经济合作的典范

除了人文交流外,“一带一路”倡议背景下的经济合作也为“主体间性”文化交流提供了有力支持。事实上,经济发展与文化交流是相互促进、相辅相成的。一方面,经济的繁荣为文化交流提供了物质基础;另一方面,文化交流也反过来促进了经济的进一步发展。

以“一带一路”共建国家的旅游业合作为例，随着交通基础设施的不断完善和旅游市场的逐步开放，越来越多的游客开始沿着这条线路旅行，亲身体验不同国家的风土人情。这不仅增进了他们对该区域文化的了解，也极大地推动了当地旅游经济的发展。同样地，在文化产业的合作中，“主体间性”也得到了很好体现。各国纷纷利用自身的文化资源优势，共同开发具有市场潜力的文化产品和服务，实现了互利共赢的目标。

3.政治互信与文化包容：推动主体间性社会建设的动力

在“一带一路”倡议的实施过程中，政治互信和文化包容起到了至关重要的作用。没有这两者的支撑，任何经济合作和文化交流都将是难以持续的。因此，“主体间性”在这里不仅表现为经济和文化层面的交流与合作，更深入到政治和社会层面。

为了加强政治互信，中国与共建国家开展了广泛的多边和双边机制建设，如高层互访、政府磋商等。这些机制为各方提供了一个沟通协商的平台，有助于增进相互理解和信任。在此基础上，文化包容则成为推动社会进步的重要力量。通过各种形式的文化交流和互动，人们逐渐认识到不同文化之间的差异和价值，学会了欣赏和接纳异文化，从而促进了社会的和谐与进步。

4.命运共同体意识的培育与强化

最终，“一带一路”倡议背景下的“主体间性”文化交流，旨在培育和促进共建国家形成命运共同体意识。这种意识超越了传统的国家和民族界限，将各国人民紧密联系在一起，共同面对全球性挑战和问题。

为了实现这一目标，中国积极推动共建国家在基础设施建设、能源资源合作、科技创新等领域开展深度合作。通过这些项目的实施和管理，各国不仅分享到了经济增长的成果，也在实践中加深了对彼此文化和价值观的认识和理解。更重要的是，在这种深度的合作与交流中，一种超越国界的新型社会关系正在逐渐形成，即命运共同体意识。

二、“主体间性”文化交流的实践

在全球化的大背景下，文化交流成为促进不同国家和地区间相互理解、增进友谊、推动发展的重要手段。特别是在“一带一路”倡议的推动下，文化交流更是成为连接不同文化主体、构建人类命运共同体的桥梁。

（一）文化交流活动的组织与开展

1.目的与意义

文化交流活动的组织与开展，其根本目的在于促进不同文化之间的交流与融合。通过面对面的交流和互动，不同文化主体可以深入了解彼此的文化传统、价值观念、生活方式等，从而增进相互之间的理解和友谊。同时，文化交流还能够促进文化创新和发展，推动全球文化的繁荣和进步。在“一带一路”倡议背景下，文化交流更是成为推动共建国家和地区经济合作、文化交流、民心相通的重要途径。

2.活动形式与内容

文化交流活动的形式多种多样，包括文化节、艺术展览、音乐会、戏剧演出、学术研讨会等。这些活动既可以展示不同文化的独特魅力，也可以为文化主体提供交流和互动的平台。例如，在“一带一路”文化节中，各国可以展示自己的传统文化、民间艺术、非物质文化遗产等，让参与者感受不同文化的独特魅力；在艺术展览中，各国艺术家可以展示自己的作品，通过艺术的形式传递文化信息；在音乐会和戏剧演出中，不同国家的音乐家和演员可以共同演出，通过音乐的旋律和戏剧的情节增进相互之间的了解和友谊。

在活动内容方面，应注重多样性和丰富性，满足不同文化主体的需求和兴趣。同时，也要注重活动的互动性和参与性，让参与者能够亲身参与其中，感受不同文化的魅力。例如，在文化交流活动中可以设置互动环节，让参与者通过游戏、表演等形式展示自己的文化特色，也可以邀请当地文化专家举办讲座或演出，为参与者提供深入了解当地文化的机会。

3.宣传与推广

文化交流活动的宣传和推广对于活动的成功至关重要。通过有效的宣传和推广，可以吸引更多的文化主体参与其中，提高活动的知名度和影响力。在宣传和推广过程中，应注重利用多种渠道和方式，如媒体宣传、网络传播、社交媒体等，让更多的人了解活动的信息和内容。同时，也要注重与当地文化机构和组织的合作，共同推动文化交流活动的开展。

4.文化交流的实践

(1)艺术展览与文化对话——中国—中亚艺术交流展

在“一带一路”倡议的推动下，中国与中亚国家共同举办了一场盛大的艺术交流展。这次展览不仅展示了中国和中亚各国的传统艺术瑰宝，如中国的书法、绘画、陶瓷，以及中亚国家的地毯、刺绣等，还邀请了两地的艺术家进行现场创作和表演。展览期间，还举办了多场艺术研讨会和文化沙龙，让艺术家和观众能够深入交流，分享彼此的艺术见解和文化体验。

这种艺术展览的形式，为不同文化主体提供了一个直观、生动的交流平台。通过欣赏和讨论不同国家的艺术作品，人们可以更加深入地了解彼此的文化传统和审美观念，增进相互之间的理解和友谊。同时，艺术家们的现场创作和表演，也为观众带来了全新的艺术享受和文化体验。

(2)文化节与民俗展示——“一带一路”国际文化节

“一带一路”国际文化节是一个集文化展示、艺术表演、民俗体验于一体的综合性文化活动。在这个文化节上，各国可以展示自己的传统文化、民俗风情和特色美食等。例如，中国的舞龙舞狮、印度的瑜伽表演、哈萨克斯坦的马术表演等都成为文化节上的亮点。此外，各国还设置了特色美食区，让游客在品尝美食的同时，也能感受到不同国家的饮食文化。

这种文化节为不同文化主体提供了一个全面、深入的交流平台。通过参与各种文化活动和民俗体验，人们可以更加直观地感受到不同国家的文化魅力和民俗风情，增进相互之间的了解和友谊。同时，这种文化节的举办，也促进了共建国家和地区的旅游业发展，为当地经济注入了新的活力。

(3)学术研讨与智库建设——“一带一路”智库合作论坛

“一带一路”智库合作论坛是一个旨在推动共建国家和地区智库机构之间交流与合作的重要平台。在这个论坛上，各国智库机构可以分享自己的研究成果和学术观点，共同探讨“一带一路”建设中的问题和挑战。例如，有智库就如何推动共建国家教育领域的合作与发展、如何加强文化遗产保护与交流等议题进行了深入探讨和交流。

这种学术研讨的形式，为不同文化主体提供了一个高端、专业的交流平台。通过分享和讨论各自的研究成果和学术观点，人们可以更加深入地了解不同国家的学术水平和研究方向，增进相互之间的学术交流和合作。同时，这种智库合作论坛的举办，也为“一带一路”建设提供了重要的智力支持和决策参考。

(4)媒体传播与影视交流——国际电影展与电视剧合作

例如，中国举办了多届“一带一路”国际电影节，邀请共建国家的优秀电影作品参展。同时，中国还与多个国家合作拍摄了多部电视剧和电影，共同讲述“一带一路”的故事。

这种媒体传播和影视交流的形式，为不同文化主体提供了一个跨越国界的传播和交流平台。通过观看不同国家的影视作品，人们可以更加直观地了解彼此的社会风貌和文化传统。同时，这种影视合作也促进了共建国家和地区的文化交流与合作，推动了文化产业的共同发展。

5.评估与总结

文化交流活动的评估和总结是提高活动质量和效果的重要手段。通过对活动的评估和总结，可以及时发现和解决问题，为今后的活动提供参考和借鉴。在评估和总结过程中，应注重客观性和公正性，对活动的各个方面进行全面、深入的分析和评价。同时，也要注重参与者的反馈和建议，将参与者的意见和建议作为改进活动的重要依据。

（二）文化交流的成效与影响

在全球化的时代背景下，文化交流已成为不同国家、民族和地区之间增进理解、促进友谊的重要桥梁。而“主体间性”文化交流作为一种新兴的交流方式，正以其独特的视角和模式，对全球文化的多样性、人类的共同发展和命运共同体的构建产生深远的影响。

1.“主体间性”文化交流的核心理念

“主体间性”文化交流强调文化主体之间的平等对话、相互尊重和共同创新。这种交流方式突破了传统文化交流的单向性和局限性，将文化交流视为一种双向互动的过程，旨在通过平等的对话和交流，增进不同文化之间的理解、尊重和认同。在这种交流模式下，文化主体不再是被动接受者，而是积极参与者，能够主动分享自己的文化特色和成果，同时也能够学习和借鉴其他文化的优秀元素。

2.“主体间性”文化交流的成效

（1）促进文化多样性与文化共存

“主体间性”文化交流的实践促进了全球文化的多样性和文化共存。通过平等的对话和交流，不同文化主体能够展示自己的文化特色和成果，同时也能够学习和借鉴其他文化的优秀元素。这种交流方式打破了文化壁垒，促进了不同文化之间的融合和交流，使得全球文化呈现出更加多元、丰富的面貌。这种文化多样性不仅丰富了人类的精神世界，也为人类文明的进步和发展提供了源源不断的动力。

（2）增进相互理解与尊重

“主体间性”文化交流的实践增进了不同文化主体之间的相互理解和尊重。在平等的对话和交流中，不同文化主体能够更加深入地了解彼此的文化传统、价值观念和审美观念，消除文化隔阂和误解。这种相互理解和尊重不仅有助于增进不同文化主体之间的友谊和信任，也为构建人类命运共同体提供了坚实的文化基础。

（3）推动文化创新与发展

“主体间性”文化交流的实践推动了文化创新与发展。在平等的对话和交流中，不同文化主体能够相互借鉴、相互融合，产生新的文化元素和表现形式。这种文化创新不仅为各国文化的繁荣和进步注入了新的活力，也为人类文化的多样性发展提供了有力支持。同时，这种文化创新还能够激发人们的创造力和创新精神，推动社会文明的不断进步和发展。

（4）加强国际合作与共赢

“主体间性”文化交流的实践加强了国际合作与共赢。在平等的对话和交流中，不同文化主体能够建立深厚的友谊和信任关系，形成共同的发展目标和利益诉求。这种国际合作不仅能够推动各国之间的经济繁荣和政治互信，还能够应对全球性挑战和问题，实现人类命运共同体的构建。

3.“主体间性”文化交流的影响

(1)对个体层面的影响

“主体间性”文化交流对个体层面产生了深远的影响。通过参与文化交流活动,个体能够接触到来自不同国家和地区的文化精品和艺术作品,拓宽自己的文化视野。这种文化素养和审美能力的提高不仅有助于丰富个体的精神生活,还能够增强个体的跨文化交流能力和竞争力。同时,文化交流还能够促进个体之间的友谊和信任关系,为个人的成长和发展提供有力的支持。

(2)对社会层面的影响

“主体间性”文化交流对社会层面也产生了深远的影响。通过文化交流活动,不同文化主体之间的友谊和信任关系得到了加强,促进了社会的和谐稳定。同时,文化交流还能够推动社会的文化创新和发展,为社会的繁荣和进步注入新的活力。

(3)对全球层面的影响

“主体间性”文化交流对全球层面也产生了深远的影响。通过文化交流活动,不同国家和地区之间的文化隔阂和误解得到了消除,促进了全球文化的多样性和文化共存。同时,文化交流还能够推动全球文化的创新和发展,为人类文明的进步和发展提供源源不断的动力。

“主体间性”文化交流作为一种新兴的交流方式,在全球化的时代背景下正发挥着越来越重要的作用。通过平等的对话和交流,不同文化主体之间能够增进相互理解和尊重、推动文化创新与发展、加强国际合作与共赢。这种交流方式不仅促进了全球文化的多样性和文化共存,也为构建人类命运共同体提供了坚实的文化基础。未来,我们应该继续推动“主体间性”文化交流的发展和实践,为构建更加和谐、繁荣的世界作出更大的贡献。

第二节 “一带一路”倡议背景下文化交流现状

一、当前文化交流的主要特点

(一)交流领域的广泛性

在“一带一路”倡议的推动下,文化交流已成为连接共建国家的重要纽带,不仅促进了各国之间的文化互鉴与民心相通,更为经济发展注入了新的活力。这一文化交流现象,以其广泛的领域、多样的方式和深远的影响,正逐渐塑造着“一带一路”共建国家的文化景观。

“一带一路”文化交流涵盖了艺术、教育、科技、旅游等多个领域,形成了一个多层次、多维度的文化交流网络。

1.艺术领域

在艺术领域,各国通过举办艺术展览、音乐会、戏剧演出等活动,展现了各自独特的艺术风格和魅力。中国京剧在共建国家的演出,不仅让外国观众领略了中华戏曲的博大精深,也为中华文化的国际传播增添了浓墨重彩的一笔。与此同时,共建国家的传统艺术也在中国得到了广泛的推广,如印度的宝莱坞电影、中东的阿拉伯音乐等,这些艺术形式在中国观众中赢得了极高的赞誉,加深了中国人民对共建国家文化的理解和认同。

2.教育领域

在教育领域,各国通过互派留学生、开展教育合作项目等方式,加强了教育资源的共享和交流。孔子学院作为中华文化输出的重要平台,在多个共建国家设立,为当地民众提供了学习汉语和了解中华文化的机会。通过教育合作项目的开展,不仅促进了教育资源的均衡分布,也加强了各国在教育理念、教学方法等方面的交流与互鉴。

3.科技领域

在科技领域,各国通过科技交流和合作,推动了科技创新和发展。在人工智能、大数据、新能源等前沿领域,中国与其他共建国家展开了深入的合作,共同推动科技进步和产业升级。这些科技合作项目不仅加强了各国之间的科技交流,也为共建国家的经济社会发展注入了新的动力。

4.旅游领域

在旅游领域,各国通过推广旅游资源、开展旅游合作等方式,促进了旅游业的繁荣和发展。中国的丝绸之路旅游线路作为“一带一路”旅游合作的重点项目之一,吸引了大量共建国家的游客前来参观。通过旅游合作项目的开展,不仅促进了共建国家旅游资源的开发和利用,也加深了各国人民之间的友谊和互信。

（二）交流形式的多样性

“一带一路”文化交流不仅领域广泛，而且方式多样。政府间合作、民间交流、媒体传播等多种方式相互交织、相互促进，共同推动了文化交流的深入发展。

1.政府间合作

政府间合作是“一带一路”文化交流的重要形式之一。各国政府通过签署文化交流合作协议，为文化交流提供了政策支持和保障。这些合作协议不仅明确了文化交流的领域和方式，也为各国之间的文化合作提供了制度化的保障。

2.民间交流

民间交流是“一带一路”文化交流的生动体现。民间组织、艺术团体、学者等自发开展的文化交流活动，增强了文化的互动性和亲和力。这些民间交流活动不仅丰富了共建国家的文化生活，也加深了各国人民之间的友谊和互信。

3.媒体传播

媒体传播是“一带一路”文化交流的重要手段。通过利用互联网、社交媒体等新媒体平台，拓宽了文化交流渠道，提高了传播效率。这些新媒体平台不仅为各国之间的文化交流提供了便捷的渠道，也为共建国家的文化展示提供了更广阔的舞台。

（三）文化交流的影响深远性

“一带一路”文化交流的影响深远而广泛。它不仅促进了文化互鉴和民心相通，也为经济发展注入了新的动力。

1.促进文化互鉴

通过文化交流，各国人民加深了对彼此文化的理解和尊重，促进了文化多样性的发展。这种文化互鉴不仅有助于消除误解和偏见，也有助于增进各国之间的友谊和互信。

2.增进民心相通

文化交流加深了共建国家人民之间的友谊和互信,为"一带一路"建设奠定了坚实的民意基础。通过文化交流的深入开展,各国人民之间的了解和信任不断加强,为经济合作和人文交流奠定了坚实的基础。

3.推动经济发展

文化交流带动了共建国家旅游业、教育业等相关产业的发展,为经济增长注入了新动力。通过文化合作项目的开展,各国之间的经济联系不断加强,为共建国家的经济社会发展注入了新的活力。

"一带一路"文化交流以其广泛的领域、多样的方式和深远的影响,正在逐渐塑造着共建国家的文化景观。通过政府间合作、民间交流、媒体传播等多种方式的共同推动,文化交流正在为"一带一路"建设提供坚实的文化支撑和民意基础。同时,通过具体的案例分析,我们可以更加直观地看到文化交流在各个领域中的实际情况和成效,为未来的文化交流合作提供有益的借鉴和启示。

二、文化交流面临的问题

(一)文化差异与认同问题

在"一带一路"倡议的深入推进下,文化交流扮演着越来越重要的角色。然而,随着各国之间文化交流的日益频繁,文化差异与认同问题也日益凸显,成为文化交流过程中不可忽视的挑战。

首先,不同国家、民族之间的文化背景差异是文化交流的首要问题。每个国家都有其独特的文化传统和历史积淀,这些文化传统往往承载着国家的核心价值观和民族精神。在文化交流过程中,不同文化背景的国家和民族可能会因为对文化符号、价值观念等方面的不同理解而产生误解或冲突。这种差异性的存在,使得文化交流需要更加谨慎和细致,以避免因为文化冲突而损害双边或多边关系。

其次,宗教信仰的差异也是文化交流中的重要问题。在"一带一路"共建国家中,宗教信仰多种多样,不同宗教信仰之间的差异可能会导致文化交流的困难和障碍。在文化交流过程中,需要充分尊重不同宗教信仰的信仰自由和宗教习俗,避免因为宗教信仰差异而引发文化冲突或宗教纷争。

面对文化差异与认同问题,我们需要以平等、开放的态度进行文化对话和合作。首先,我们应该充分尊重和理解不同文化的独特性和价值。每种文化都有其独特的魅力和价值,我们应该以包容的心态去欣赏和接纳不同文化之间的差异。通过增进对彼此文化的了解和理解,我们可以减少误解和偏见,为文化交流创造更加良好的氛围。第一,我们应该加强文化教育的普及和推广。通过加强文化教育,可以提高人们对不同文化的认识和了解,增强文化自觉和文化自信。同时,文化教育也可以促进不同文化之间的交流和融合,为文化交流创造更加有利的环境。第二,我们还应该建立更加完善的文化交流机制。通过加强政府间合作、民间交流、媒体传播等多种方式,可以推动不同文化之间的交流和合作。同时,我们还应该注重培养专业的文化交流人才,提高他们在文化交流中的专业素养和跨文化交际能力。这些人才可以在文化交流中发挥桥梁和纽带的作用,为不同文化之间的沟通和交流提供更加有效的支持。

(二)传播渠道与平台建设的滞后

在当前的全球化时代,文化交流与传播成为各国之间深化了解、促进合作的重要桥梁。特别是在“一带一路”倡议的推动下,文化交流更是被赋予了新的历史使命。然而,我们不得不面对的现实是,尽管“一带一路”倡议为文化交流提供了广阔的舞台,但在实际操作中,传播渠道与平台的建设却存在明显的滞后,这在一定程度上制约了文化交流的深入发展。

首先,我们来看传播渠道的问题。在“一带一路”共建国家中,由于地理位置、政治体制、经济发展水平等多方面的差异,导致文化传播的渠道并不畅通。一些地区由于基础设施落后,传统媒体如广播、电视等无法覆盖到每一个角落,更不用说互联网等新兴媒体了。这种传播渠道的不畅,使得文化交流的信息无法及时、准确地传递给目标受众,严重影响了文化交流的效果。

同时,我们也要注意到,即使在传播渠道相对完善的地区,也存在着信息传播不平衡的问题。一些主流文化、强势文化往往能够占据更多的传播资源,而一些小众文化、边缘文化则往往被忽视。这种不平衡的传播格局,不仅不利于文化的多样性发展,也容易导致文化交流的片面性和误解。

除了传播渠道的问题,平台建设的滞后也是一个不容忽视的问题。在互联网时代,各种社交媒体、网络平台层出不穷,为文化交流提供了更多的可能性。然而,在"一带一路"倡议背景下,我们却缺乏一个具有广泛影响力和号召力的文化传播平台。这个平台应该能够汇聚各种文化资源、吸引各种文化力量、推动各种文化形式的创新与发展。但是,目前我们还没有这样一个平台,这在一定程度上制约了文化交流的深度和广度。

那么,如何解决这些问题呢?首先,各国应该加强传播渠道的建设。通过加强基础设施建设、推动媒体合作与交流、提高信息传播效率等方式,确保文化交流的信息能够畅通无阻地传递给目标受众。同时,也要注重信息传播的平衡性,让各种文化都有机会展示自己的魅力和价值。

其次,各国应该共同打造一个具有广泛影响力和号召力的文化传播平台。这个平台可以通过线上线下相结合的方式,汇聚各种文化资源、吸引各种文化力量、推动各种文化形式的创新与发展。同时,也要注重平台的开放性和包容性,让各种文化都能够在这个平台上找到自己的位置和价值。

最后,我们还需要推动文化产业的发展。文化产业是文化交流的重要载体和支撑,通过发展文化产业,可以为文化交流提供更多的内容和形式。各国可以加强文化产业合作与交流,共同开发具有地方特色的文化产品和文化服务,推动文化产业的繁荣发展。

总之,"一带一路"倡议背景下的文化交流传播渠道和平台建设是一个复杂而紧迫的任务。我们需要加强传播渠道的建设、共同打造一个具有广泛影响力和号召力的文化传播平台、推动文化产业的发展等多方面的努力,才能确保文化交流的深入发展和取得实效。

(三)文化保护与传承的挑战

在"一带一路"倡议的推动下,共建国家间的文化交流如火如荼,为不同文化的碰撞、融合与发展提供了难得的机遇。然而,在这一过程中,文化保护与传承也面临着诸多问题和挑战，尤其是在全球化的大背景下，一些传统文化可能面临消失或边缘化的风险。

1. 文化同质化

随着全球化的深入，外来文化的强烈冲击使得一些地区的传统文化逐渐失去其独特性，被同质化。例如，在某些“一带一路”共建国家，年轻人对于西方的节日、服饰、音乐等产生了浓厚兴趣，而对自己国家的传统文化却知之甚少，甚至产生了排斥心理。

2. 传承断层

许多传统文化依赖于口传心授、师徒传承等传统方式，这种方式在现代化社会中逐渐失去了其生存环境。许多老一辈的传承人因年龄原因无法继续传承，而年轻一代又因缺乏兴趣或生活压力而难以承担起传承的重任，导致文化传承出现断层。

3. 文化认同感减弱

随着外来文化的冲击，一些地区的民众对自己的传统文化产生了怀疑和否定，甚至产生了文化自卑感。这种文化认同感的减弱不仅影响了传统文化的传承，也威胁到了民族精神的凝聚和国家的文化安全。

4. 传统手工艺品的失传

在“一带一路”沿线的某些地区，有着丰富的传统手工艺品，如丝绸、陶瓷、刺绣等。然而，由于现代工业的发展和市场需求的变化，这些传统手工艺品的生存空间越来越小，许多传承人因生活所迫而转行，导致这些传统手工艺品面临失传的风险。

5. 传统节日的淡化

一些“一带一路”共建国家的传统节日具有深厚的文化底蕴和民族特色，如春节、端午节、中秋节等。然而，随着西方节日的传入和年轻人的生活方式的变化，这些传统节日逐渐被淡化，甚至被遗忘。一些年轻人甚至不知道这些传统节日的起源和意义，更别提传承和弘扬了。

6. 语言文化的流失

语言是文化的载体，也是文化传承的重要工具。然而，在“一带一路”沿线的某些地区，由于历史原因或政治因素，一些民族语言逐渐流失。这些语言承载着丰富的文化内涵和历史信息，一旦流失就意味着一种文化的消失。例如，中亚地区的一些民族语言就面临着这样的困境。

面对这些问题和挑战，我们需要采取切实有效的措施来加强文化保护与传承工作。例如，通过立法保护传统文化、设立专项资金支持文化传承、加强文化教育和宣传等方式来提高公众对传统文化的认知和了解。同时，我们也需要加强国际合作与交流，共同推动“一带一路”共建国家的文化保护与传承工作的开展。

第五章 文化产业助力“一带一路”倡议背景下对外文化传播

第一节 “一带一路”与融合性文化产业

一、融合性文化产业的概念与特点

融合性文化产业，指的是在全球化与信息技术发展的背景下，不同文化形态、产业形态通过创新的方式相互融合，形成新的文化产业形态。这种融合不仅体现在内容上的交融，更体现在技术、市场、资本等多方面的深度整合。

（一）融合性文化产业的概念分析

融合性文化产业是指在全球化与信息技术快速发展的背景下，文化产业内部以及文化产业与其他产业之间，通过技术、内容、市场等多方面的深度融合，形成的新型文化产业形态。这种融合不仅突破了传统产业的界限，也极大地丰富了文化产业的内涵和外延。

融合性文化产业强调跨界融合性。它打破了传统的行业壁垒，实现了文化产业与信息技术、创意设计、金融服务等其他产业的深度融合。这种跨界融合不仅促进了文化产业的创新发展，也为其他产业带来了新的增长点。例如，文化产业与信息技术的融合，催生了数字内容产业、网络文化产业等新兴业态；与创意设计的融合，则推动了文化创意产品的开发和推广。

融合性文化产业具有创新性。它不断引入新技术、新应用，推动文化产品和服务的创新。通过数字化、网络化、智能化等技术的应用，文化产业能够创造出更加丰富多彩、具有互动性和沉浸感的文化产品和服务。同时，融合性文化产业也鼓励创新思维和跨界合作，推动文化产业的多元化和差异化发展。

融合性文化产业还具有包容性和可持续性。它能够容纳和吸收来自不同文化、不同背景的元素，推动文化多样性的发展。同时，它也注重长期发展和生态平衡，追求经济、社会和环境效益的和谐统一。在“一带一路”倡议背景下，各国文化产业可以共同分享彼此的文化资源和经验，促进文化多样性的发展，并共同探索可持续发展的文化产业模式。

融合性文化产业是一个多元化、创新性和包容性的文化产业形态。它不仅能够推动文化产业的创新和发展，也能够为其他产业带来新的增长点，促进经济的繁荣和发展。在“一带一路”倡议背景下，各国应该加强合作和交流，共同推动融合性文化产业的发展，为构建人类命运共同体作出更大的贡献。

（二）融合性文化产业的特点

1.跨界融合性

融合性文化产业打破了传统产业的界限，实现了文化产业与信息技术、创意设计、金融服务等其他产业的深度融合。例如，在“一带一路”倡议背景下，中国的电影产业与共建国家的旅游业相结合，推出了以电影为主题的旅游线路，实现了电影与旅游的跨界融合。

2.创新性

融合性文化产业通过引入新技术、新应用，不断推动文化产品和服务的创新。例如，虚拟现实（VR）和增强现实（AR）技术的应用，使得用户能够身临其境地体验不同国家的文化和历史，为文化传播带来了全新的方式。

3.多元化

融合性文化产业涵盖了多个领域和层面，包括影视、音乐、动漫、游戏、设计等多个方面。这种多元化不仅丰富了文化产业的内涵，也为文化市场的多元化发展提供了可能。

4.互动性

融合性文化产业强调用户参与和互动，通过社交媒体、在线平台等渠道，实现了文化产品与用户的实时互动。这种互动性不仅增强了用户的参与感和体验感，也为文化产品的推广和传播提供了更多渠道。

5. 全球化

融合性文化产业具有全球化的发展趋势。随着全球化的加速发展和"一带一路"倡议的推进,各国之间的文化交流与合作日益频繁,为融合性文化产业的发展提供了广阔的市场空间。

6. 包容性

融合性文化产业具有强大的包容性,能够容纳和吸收来自不同文化、不同背景的元素。在"一带一路"倡议的推动下,各国文化产业可以共同分享彼此的文化资源和经验,促进文化多样性的发展。这种包容性不仅有助于增进各国之间的友谊和相互理解,也有助于推动全球文化产业的繁荣。

7. 可持续性

融合性文化产业注重长期发展和生态平衡,追求经济、社会和环境效益的和谐统一。在"一带一路"倡议背景下,各国可以共同探索可持续发展的文化产业模式,推动文化产业与环境保护、社会进步的协调发展。

(三)文化产业融合的发展趋势

1. 跨界融合

随着数字技术的广泛应用,文化产业与信息技术、创意设计、金融服务等领域的融合日益加深。例如,在"一带一路"共建国家,数字内容产业与旅游业结合,推出了虚拟旅游、在线文化体验等新型产品和服务。

2. 文化+科技

科技与文化的融合推动了文化产业的创新发展。比如,通过虚拟现实(VR)、增强现实(AR)技术,用户可以更加沉浸地体验不同国家的文化和历史,这极大丰富了文化传播的方式和渠道。

3. 市场多元化

融合性文化产业打破了传统市场的界限,形成了多元化的市场格局。在"一带一路"倡议背景下,各国文化产品能够更便捷地进入国际市场,实现文化贸易的互利共赢。

(四)融合性文化产业在"一带一路"中的作用

1. 促进文化交流

融合性文化产业通过创新的传播方式,推动了共建国家间的文化交流与理解。比如,中国的电影、电视剧在“一带一路”共建国家的播出,增进了当地民众对中华文化的了解。

2.推动文化产业创新

融合性文化产业鼓励创新和实验,推动了文化产业的多元化和差异化发展。各国在保持自身文化特色的同时,也能吸收借鉴其他国家的优秀文化元素,实现文化产业的创新升级。

3.增强文化软实力

融合性文化产业的发展有助于提升国家的文化软实力。通过文化产品的输出和文化服务的提供,国家能够传递自己的价值观念、文化理念和社会风貌,增强在国际上的影响力和话语权。

二、融合性文化产业的发展策略

(一)坚持以文塑旅、以旅彰文

在“一带一路”倡议的推动下,融合性文化产业的发展策略显得尤为重要。其中,“坚持以文塑旅、以旅彰文”的策略更是核心中的核心。这一策略强调文化与旅游的深度融合,通过利用文化内涵来提升旅游产品品质,同时借助旅游活动来传播和弘扬文化。

1.推动文化和旅游深度融合

推动文化和旅游深度融合是关键。这并不意味着简单地将文化与旅游结合在一起,而是要深入挖掘各地的文化资源,将这些资源转化为具有吸引力的旅游产品。例如,在丝绸之路上的一些古城,如西安、敦煌等,拥有丰富的历史文化遗产。通过对这些古城的深度开发,将历史文化与旅游紧密结合,可以吸引大量游客前来参观,从而带动当地经济的发展。

2.利用文化内涵提升旅游产品品质

利用文化内涵提升旅游产品品质也是必要的。在现代社会,人们对于旅游的需求已经不仅仅停留在观光层面,更多的是追求文化的体验和精神的满足。因此,开发者需要注重提升旅游产品的文化内涵,让游客在旅行中感受到深厚的文化底蕴。比如,一些景区会推出文化体验活动,让游客亲身参与并感受传统文化的魅力，这就是很好的尝试。

3.通过旅游活动传播和弘扬文化

通过旅游活动传播和弘扬文化也是非常重要的。旅游不仅是一种经济活动，更是一种文化交流的方式。当游客走进一个陌生的地方，他们不仅带走了对那里的美好记忆，更带回了对当地文化的了解和认识。这样一来，文化就得以在更大的范围内传播和弘扬。

综上所述，“坚持以文塑旅、以旅彰文”的策略对于融合性文化产业的发展具有重要意义。在实际操作中，我们需要根据具体情况制定合适的策略，推动文化与旅游的深度融合，为文化产业的发展注入新的活力。

（二）加强文化资源转化与挖掘

在“一带一路”的广阔背景下，沿线地区拥有丰富的历史、文化和自然资源，这些资源为融合性文化产业的发展提供了得天独厚的条件。因此，加强文化资源的转化与挖掘，是推动融合性文化产业发展的重要策略之一。

1.深度挖掘沿线地区文化资源

在“一带一路”倡议的推动下，沿线地区所蕴含的文化资源如同一座座宝藏，等待我们去发现和深度挖掘。这些地区不仅有着悠久的历史和灿烂的文明，更拥有独特的民俗文化、艺术形式和自然景观，为融合性文化产业的发展提供了无尽的灵感和素材。

(1)对沿线地区的传统文化进行深入研究和挖掘

这些传统文化是当地人民智慧的结晶，是历史的见证，也是文化的根基。通过深入研究，我们可以发现这些传统文化中所蕴含的价值观念、审美观念和生活方式，这些都是文化产业发展的重要基础。例如，中亚地区的民间舞蹈、音乐和传统手工艺，都是该地区独特的文化符号，通过挖掘和整理，可以为我们的文化产业提供丰富的素材和灵感。

(2)关注沿线地区的民俗风情

民俗风情是当地人民在长期的生活实践中形成的独特文化现象，它包含了当地人民的生活习惯、信仰习俗和节日庆典等。这些民俗风情不仅具有浓厚的地方特色，也富有深厚的文化内涵。通过挖掘和整理这些民俗风情，我们可以为文化产业提供具有地方特色的文化产品和服务，满足游客对于文化体验的需求。

（3）不能忽视沿线地区的自然景观

自然景观是自然赋予的宝贵财富，也是文化产业发展的重要资源。沿线地区拥有许多壮丽的自然风光，如高山峡谷、沙漠绿洲、海滨风光等。这些自然景观不仅具有独特的观赏价值，也蕴含着丰富的文化内涵。通过挖掘和整理这些自然景观的文化内涵，我们可以为文化产业提供具有独特魅力的文化产品和服务，吸引更多的游客前来体验。

综上所述，深度挖掘沿线地区的文化资源是推动融合性文化产业发展的关键步骤。我们需要对传统文化、民俗风情和自然景观进行全面、深入挖掘和整理，为文化产业的发展提供丰富的素材和灵感。同时，我们还需要注重文化资源的保护和传承，确保这些宝贵的文化资源得以永续利用和发展。

2.促进文化资源向文化产业转化

在“一带一路”倡议的指引下，沿线地区丰富的文化资源成为推动文化产业发展的重要基础。然而，这些文化资源并非自动转化为文化产业的生产力，而是需要通过一系列的努力和策略，促进文化资源向文化产业的转化。

文化资源是文化产业发展的源泉，没有丰富的文化资源，文化产业就如同无源之水，难以持续发展。而文化资源转化为文化产业，则能将这些无形的文化资源转化为有形的文化产品和服务，进而推动经济的增长和社会的进步。

为了促进文化资源向文化产业的转化，需要制定明确的转化策略。这包括以下几个方面：

（1）政策引导与支持

政府应出台相关政策，鼓励和支持文化资源向文化产业的转化。这包括提供税收优惠、资金扶持、人才培养等方面的支持，为文化产业的发展创造良好的政策环境。同时，政府还应加强与文化企业的沟通和合作，了解企业的需求和困难，及时提供帮助和支持。

（2）市场导向与需求驱动

文化资源的转化应以市场需求为导向，以消费者需求为驱动。这要求我们在挖掘和整理文化资源时，要深入了解市场需求和消费者偏好，根据市场需求和消费者偏好来开发具有市场竞争力的文化产品和服务。同时，我们还应加强市场调研和预测，及时调整文化产品和服务的开发策略和方向。

(3)创新驱动与融合发展

创新是推动文化资源向文化产业转化的重要动力。我们要加强文化产业的创新能力建设，推动文化与科技、金融、旅游等相关产业的融合发展。通过引入新技术、新工艺和新材料，提升文化产品的品质和附加值；通过跨界合作和资源整合，打造具有地域特色的文化品牌；通过数字化、网络化和智能化等手段，推动文化产业的转型升级和可持续发展。

(4)人才培养与队伍建设

人才是推动文化资源向文化产业转化的关键因素。我们要加强文化产业人才的培养和引进工作，打造一支高素质、专业化的文化产业人才队伍。这包括加强文化产业人才的培训和教育工作，提高他们的专业技能和综合素质；加强文化产业人才的引进和招聘工作，吸引更多的优秀人才加入文化产业中来；加强文化产业人才的管理和激励工作，激发他们的创造力和积极性。

总之，促进文化资源向文化产业转化是一个复杂而长期的过程。我们需要制定明确的转化策略，加强政策引导与支持、市场导向与需求驱动、创新驱动与融合发展以及人才培养与队伍建设等方面的工作。只有这样，我们才能将丰富的文化资源转化为具有市场竞争力的文化产业生产力，推动“一带一路”沿线地区文化产业的发展繁荣。

3.打造具有地域特色的文化品牌

在“一带一路”倡议的推进下，打造具有地域特色的文化品牌对于融合性文化产业的发展至关重要。这不仅有助于提升地区文化的知名度和影响力，还能有效促进当地文化产业的繁荣和经济增长。

(1)深入挖掘地域文化特色是打造文化品牌的基础

每个地区都有其独特的历史背景、文化传承和民俗风情，这些元素共同构成了地域文化的独特魅力。要打造具有地域特色的文化品牌，必须深入研究和挖掘这些独特的文化元素，发现其内在的价值和潜力。例如，中国的茶文化源远流长，各地都有自己独特的茶叶品种和制茶工艺。通过深入挖掘和整合这些茶文化元素，可以打造出具有地域特色的茶文化品牌，如“西湖龙井”“安化黑茶”等。

(2)创意设计与创新应用是打造文化品牌的关键

在挖掘出地域文化特色的基础上，需要通过创意设计和创新应用将这些元素转化为具有市场竞争力的文化产品和服务。这要求我们在保持传统文化精髓的同时，注重与现代审美和市场需求相结合，打造出既具有地域特色又符合现代消费习惯的文化品牌。例如，可以将传统的民间手工艺与现代设计理念相结合，推出具有独特风格的手工艺品；或者将地域文化元素融入旅游产品和体验中，为游客提供丰富多样的文化体验。

(3)品牌宣传与推广是打造文化品牌的重要环节

一个成功的文化品牌需要得到广泛的认知和接受，这需要有效的品牌宣传和推广。我们可以通过多种渠道和方式来推广文化品牌，如利用互联网、社交媒体等新媒体平台进行线上宣传；举办文化节、艺术展览等线下活动来吸引人们的关注和参与；还可以与旅游、教育等相关产业进行合作，共同推广文化品牌。通过这些措施，可以让更多的人了解和喜爱上我们的文化品牌，从而提升其知名度和影响力。

(4)持续的创新与发展是打造文化品牌的永恒动力

文化品牌需要不断地进行创新和发展才能保持其生命力和竞争力。我们应该注重培养创新意识和能力，不断推出新的文化产品和服务来满足市场需求；同时，还要加强与其他地区和国家的交流与合作，学习借鉴先进的经验和做法来推动文化品牌的持续发展。例如，可以与国外的设计机构、艺术团体等进行合作，共同推出具有国际影响力的文化品牌；还可以加强与国际旅游市场的合作，将我们的文化品牌推向更广阔的市场空间。

总之，打造具有地域特色的文化品牌是融合性文化产业发展的重要策略之一。通过深入挖掘地域文化特色、注重创意设计与创新应用、加强品牌宣传与推广以及持续的创新与发展等措施，我们可以打造出具有独特魅力和市场竞争力的文化品牌，为地区文化产业的繁荣和发展作出积极贡献。

（三）推进文化产业集聚与发展

1.优化文化产业布局

在“一带一路”倡议背景下，优化文化产业布局是推动融合性文化产业发展的核心策略之一。一个合理的产业布局能够最大化发挥区域文化资源的优势，促进文化产业内部的协同发展，以及文化产业与其他产业的深度融合。以下是对优化文化产业布局的详细阐述。

（1）优化文化产业布局需要全面考虑地区文化资源禀赋

不同地区拥有各自独特的文化资源，如历史文化遗产、民俗风情、自然景观等。在优化布局时，要深入分析这些资源的分布状况、价值大小及开发潜力，确保产业布局与资源禀赋相匹配。例如，在文化资源丰富的地区，可以重点发展文化旅游、文化创意等产业，而在科技资源丰富的地区，则可以推动文化与科技的深度融合，发展数字文化、智慧文化等新兴业态。

（2）优化文化产业布局要注重区域间的协同发展

文化产业是一个跨地域、跨行业的综合性产业，需要不同地区之间的密切合作与协同。在优化布局时，要打破行政区划的壁垒，推动区域间的文化产业合作与交流。可以通过建立文化产业合作联盟、共享文化资源、共同开发文化市场等方式，实现区域间文化产业的优势互补和共同发展。同时，还要加强与国际市场的对接，积极参与国际文化产业合作与竞争，提升我国文化产业的国际影响力和竞争力。

（3）优化文化产业布局要促进文化产业内部的协同发展

文化产业内部包含了多个子领域和产业链环节，如内容创作、生产制作、市场营销等。在优化布局时，要关注这些子领域和产业链环节之间的协同发展。可以通过建立文化产业集群、完善产业链配套服务、推动产业链上下游企业的深度合作等方式，实现文化产业内部的资源共享、优势互补和协同发展。这不仅能够提高文化产业的整体竞争力，还能够促进文化产业的可持续发展。

（4）优化文化产业布局还需要注重科技创新的引领作用

科技创新是推动文化产业发展的重要动力之一。在优化布局时，要充分利用科技创新成果，推动文化产业向数字化、网络化、智能化方向发展。可以加强与文化科技企业的合作，引进先进的文化科技设备和技术，提升文化产业的科技含量和创新能力。同时，还要加强文化科技人才的培养和引进，为文化产业的科技创新提供有力的人才支持。

(5)优化文化产业布局需要政府的有力引导和支持

政府在优化文化产业布局中发挥着重要作用。可以通过制定相关政策和规划，引导文化产业的发展方向和重点；通过提供资金、土地等要素支持，促进文化产业项目的落地和实施；通过加强市场监管和知识产权保护，维护文化市场的公平竞争和秩序。同时，政府还可以加强与国际组织和相关国家的合作，共同推动文化产业的发展。

综上所述，通过全面考虑地区文化资源禀赋、注重区域间的协同发展、促进文化产业内部的协同发展、注重科技创新的引领作用以及政府的有力引导和支持等措施，可以打造出一个结构合理、功能完善、竞争力强的文化产业布局体系，为融合性文化产业的发展提供有力支撑。

2.建设文化产业园区与基地

在推动融合性文化产业发展的过程中，建设文化产业园区与基地是一项关键举措。这些园区与基地不仅能够有效整合文化资源，提升文化产业的集聚效应，还能为文化企业提供一个良好的发展环境，促进文化产业的创新与升级。

第一，文化产业园区与基地的建设是文化资源整合与优化的重要平台。随着文化产业的发展，各类文化资源日益丰富，但分散的文化资源难以形成合力，无法发挥最大的经济效益和社会效益。通过建设文化产业园区与基地，可以将这些分散的文化资源进行集中管理和利用，形成规模效应和协同效应。例如，在一个文化产业园区内，可以集聚多个文化企业、研究机构、艺术团体等，实现资源共享、优势互补，共同推动文化产业的发展。

第二，文化产业园区与基地的建设有利于提升文化产业的集聚效应。文化产业是一个高度集聚的产业，需要形成一定的产业规模和集群效应，才能发挥最大的经济效益。通过建设文化产业园区与基地，可以吸引更多的文化企业入驻，形成产业集聚效应。这些企业在园区内相互学习、交流和合作,共同推动文化产业的创新和发展。同时,园区内的企业还可以共享基础设施、公共服务等资源,降低运营成本,提高市场竞争力。

第三,文化产业园区与基地的建设有助于推动文化产业的创新与升级。创新是推动文化产业发展的根本动力。在文化产业园区与基地内,可以集中大量的创新资源,如人才、资金、技术等,为文化产业的创新提供有力支持。同时,园区内的企业之间可以形成紧密的合作关系,共同开展研发、设计、生产等活动,推动文化产业的创新和发展。此外,园区还可以引进国内外先进的文化企业和机构,引入新的文化理念、技术和商业模式,推动文化产业的升级和转型。

第四,文化产业园区与基地的建设还有助于提升城市的文化软实力。一个城市的文化软实力是其综合竞争力的重要组成部分。通过建设文化产业园区与基地,可以吸引更多的文化人才和文化企业入驻,形成浓厚的文化氛围。这些园区和基地不仅可以为市民提供丰富的文化产品和服务,还可以成为城市的文化名片和文化地标,提升城市的文化软实力和知名度。

第五,建设文化产业园区与基地需要政府的有力支持。政府在文化产业园区与基地的建设中发挥着重要作用。政府可以制定相关政策和规划,引导文化产业的发展方向和重点;提供资金、土地等要素支持,促进文化产业项目的落地和实施;加强市场监管和知识产权保护,维护文化市场的公平竞争和秩序。

3.形成联动效应的文化产业带

在“一带一路”倡议背景下,形成联动效应的文化产业带对于促进融合性文化产业的发展具有重要意义。文化产业带不仅能够集中展现某一区域内丰富的文化资源和产业特色,还能通过区域间的互动合作,实现资源共享、优势互补,进而推动整个文化产业带的繁荣与发展。

(1)有助于集中展现区域文化资源和产业特色

每个地区都有其独特的文化资源和产业特色,这些资源和特色是形成文化产业带的基础。通过规划和建设文化产业带,可以将这些分散的文化资源和产业特色进行有效整合,形成一个集中展现区域文化和产业特色的平台。例如,在丝绸之路沿线地区,可以依托丰富的历史文化遗产和旅游资源,打造一条集文化旅游、文化创意、文化贸易于一体的文化产业带,充分展现这一地区独特的文化和产业魅力。

(2)能够促进区域间的互动合作和资源共享

文化产业带不仅是一个地理上的概念,更是一个经济和文化上的联合体。在文化产业带内,各地区之间可以通过加强合作与交流,实现资源共享、优势互补。例如,在文化产业发展较为成熟的地区,可以向其他地区输出先进的文化产品和技术,提供管理经验和市场信息;而文化产业发展相对滞后的地区则可以借助文化产业带的平台,引进优质的文化资源和技术,加快自身文化产业的发展步伐。这种互动合作和资源共享的机制,有助于提升整个文化产业带的整体实力和竞争力。

(3)能够推动文化产业的创新与升级

在文化产业带内,各地区的文化企业和机构可以相互学习、借鉴和合作,共同推动文化产业的创新与发展。例如,在文化旅游领域,各地区可以共同开发新的旅游线路和产品,提升旅游服务的品质和水平;在文化创意领域,各地区可以加强创意人才的交流与合作,共同打造具有地域特色的文化创意品牌。这种创新与升级不仅能够提升文化产业的竞争力,还能为整个文化产业的发展注入新的活力。

(4)有助于提升整个区域的文化软实力和知名度

一个具有联动效应的文化产业带不仅是一个经济实体,更是一个文化符号。通过展示区域独特的文化和产业特色,文化产业带能够提升整个区域的文化软实力和知名度,吸引更多的投资者和游客前来。同时,文化产业带还能够加强与其他国家和地区的文化交流与合作,推动文化产业的国际化发展。

(5)需要政府、企业和社会各方共同努力

政府应制定相关政策和规划,引导和支持文化产业带的建设与发展;企业应积极参与文化产业带的建设与合作,共同推动文化产业的繁荣与发展;社会各界也应加强对文化产业带的关注和支持,共同营造有利于文化产业发展的良好氛围。通过各方的共同努力,可以形成具有强大联动效应的文化产业带,为融合性文化产业的发展提供有力支撑。

（四）强化国际合作与交流

1.讲好丝路故事，弘扬丝绸之路精神

在“一带一路”倡议的推动下，讲好丝路故事，弘扬丝绸之路精神，不仅是对历史的尊重与传承，更是强化国际合作与交流的重要基础。这一策略的实施，旨在通过文化的力量，搭建起各国间沟通与理解的桥梁，为融合性文化产业的发展注入强大的精神动力。

首先，讲好丝路故事是增进国际社会对“一带一路”倡议理解和认同的关键。丝绸之路作为连接东西方的重要通道，承载着数千年的文化交流和贸易往来历史。通过深入挖掘和讲述这些丰富多彩、感人至深的故事，我们可以让世界更加了解“一带一路”倡议的深刻内涵和积极意义。这些故事中的智慧、勇气和合作精神，将成为连接各国人民的纽带，促进彼此之间的理解与认同。

其次，讲好丝路故事有助于弘扬丝绸之路精神，即开放包容、互学互鉴、合作共赢的精神。这种精神是“一带一路”倡议的核心理念，也是推动融合性文化产业发展的重要动力。通过讲述丝路上的文化交流和贸易合作故事，我们可以向世界传递这种精神，鼓励各国在文化交流与合作中相互尊重、平等相待、互利共赢。这种精神将激发各国人民参与文化产业的热情，推动文化产业的发展与创新。

在讲好丝路故事的过程中，我们需要注重故事的多样性和真实性。丝绸之路上的故事丰富多彩，既有商贸往来的传奇故事，也有文化交流中的佳话轶事。我们需要从多个角度、多个层面去挖掘这些故事，让它们更加生动、真实地呈现在世人面前。同时，我们还需要注重故事的真实性和可信度，确保所讲述的故事符合历史事实和文化传统，避免虚构和夸大其词。

再次，讲好丝路故事还需要借助现代科技手段和传播渠道。随着互联网和新媒体的快速发展，我们可以利用这些平台将丝路故事传播到更广泛的受众中。例如，可以通过制作纪录片、动画片、短视频等形式，将丝路故事以更加直观、生动的方式呈现给观众。同时，我们还可以利用社交媒体等渠道，加强与观众的互动和交流，让更多人参与到丝路故事的讲述和传播中来。

最后，讲好丝路故事不仅是为了弘扬丝绸之路精神、强化国际合作与交流的基础，更是为了推动融合性文化产业的发展。通过讲述丝路故事，我们可以促进不同文化之间的交流与融合，推动文化产业在内容、形式、技术等方面的创新与发展。这将有助于提升我国文化产业的国际竞争力，为全球文化产业的繁荣作出积极贡献。

综上所述，讲好丝路故事、弘扬丝绸之路精神是强化国际合作与交流的重要基础。我们需要深入挖掘和讲述丝路故事中的智慧和精神内涵，借助现代科技手段和传播渠道将这些故事传播到更广泛的受众中。这将有助于增进国际社会对“一带一路”倡议的理解和认同，推动融合性文化产业的发展与创新。

2. 与共建国家开展文化产业合作

在“一带一路”倡议的框架下，与共建国家开展文化产业合作，不仅有助于推动各国文化产业的繁荣发展，更是实现互利共赢的关键所在。这种合作不仅基于文化资源的互补性，更基于共同的文化追求和发展愿景，为共建国家带来了前所未有的发展机遇。

首先，与共建国家开展文化产业合作，能够充分利用各国文化资源的互补性。每个国家都有其独特的文化资源和产业优势，通过合作，各国可以共享这些资源，实现优势互补。例如，中国的传统文化资源丰富，而一些共建国家可能在现代文化创意产业方面更具优势。通过合作，中国可以将传统文化元素与现代创意相结合，开发出具有市场竞争力的文化产品；而共建国家则可以借鉴中国的成功经验，推动本国文化产业的发展。这种合作方式不仅有助于提升各国文化产业的竞争力，还能促进文化的传播和交流。

其次，与共建国家开展文化产业合作，能够拓展文化产业的市场空间。随着全球化的深入发展，文化产业的国际竞争日益激烈。通过与共建国家开展合作，各国可以共同开拓国际市场，实现文化产品的出口和文化的传播。这种合作方式不仅有助于提升各国文化产业的国际影响力，还能为各国带来可观的经济收益。同时，合作还能促进各国之间的文化交流与理解，增进人民之间的友谊和互信。

再次，与共建国家开展文化产业合作，还能够推动文化产业的技术创新。在数字化、网络化、智能化等新技术的影响下，文化产业正在发生深刻的变革。通过与共建国家的合作，各国可以共同研发新技术、新应用，推动文化产业的技术创新。这种合作方式不仅有助于提升各国文化产业的技术水平，还能为文化产业的发展注入新的动力。同时，技术创新还能为文化产业带来更加丰富的表现形式和传播渠道，满足人们多样化的文化需求。

最后，与共建国家开展文化产业合作，还需要建立健全的合作机制和政策体系。各国应加强政策沟通，制定符合各方利益的合作政策；加强产业对接，推动文化产业的深度融合；加强人才交流，培养具有国际视野的文化产业人才。同时，各国还应加强知识产权保护，确保合作成果的合法性和可持续性。这些合作机制和政策体系的建立，将为文化产业合作提供有力保障，推动合作的深入开展。

综上所述，与共建国家开展文化产业合作是实现互利共赢的关键所在。这种合作不仅有助于推动各国文化产业的繁荣发展，还能促进文化的传播和交流、拓展市场空间、推动技术创新。同时，合作还需要建立健全的合作机制和政策体系，为合作的深入开展提供有力保障。

3.共同举办文化交流活动

在“一带一路”倡议的推动下，共同举办文化交流活动已成为加强国际合作与交流的重要途径。这些活动不仅为各国提供了一个展示自身文化的平台，更是促进不同文化之间对话与理解、增进人民之间友谊的桥梁。通过共同举办文化交流活动，可以实现文化产业的互利共赢，推动融合性文化产业的发展。

首先，共同举办文化交流活动有助于促进不同文化之间的对话与理解。在全球化的今天，不同文化之间的交流和碰撞愈发频繁。然而，由于历史、地理、政治等因素的影响，各国之间的文化差异往往导致误解和隔阂。通过共同举办文化交流活动，各国可以将自己的文化特色展示给世界，让更多人了解和认识不同文化背景下的价值观、习俗和传统。这种对话与理解的过程，有助于消除误解和偏见，增进各国人民之间的友谊和互信。

其次，共同举办文化交流活动有助于推动文化产业的发展与创新。文化交流活动不仅是文化的展示，更是文化产业发展的重要平台。通过共同举办电影节、艺术节、音乐会等文化活动，各国可以展示自己的文化产业成果，吸引更多的观众和投资者。同时，这些活动也为文化产业的发展提供了创新的动力。在文化交流的过程中，各国可以互相学习、借鉴对方的成功经验和技术，推动文化产业在内容、形式、技术等方面的创新。这种创新不仅能够提升文化产业的竞争力，还能为观众带来更加丰富多样的文化体验。

再次，共同举办文化交流活动还有助于提升国际社会对“一带一路”倡议的认同感和参与度。作为“一带一路”倡议的重要组成部分，文化产业合作是加强共建国家之间联系的重要纽带。通过共同举办文化交流活动，各国可以展示自己的文化魅力和产业实力，吸引更多的国家和组织加入“一带一路”倡议中来。这种参与度的提升不仅能够为文化产业合作带来更多的机遇和资源，还能为“一带一路”倡议的深入推进提供有力支持。

最后，共同举办文化交流活动还需要注重合作与共赢的理念。在举办文化交流活动的过程中，各国应秉持平等、互利、共赢的原则，尊重彼此的文化差异和利益诉求。同时，各国还应加强沟通和协调，确保活动的顺利进行和取得良好效果。通过共同努力和合作，我们可以让文化交流活动成为推动国际合作与交流的重要力量，为构建人类命运共同体作出积极贡献。

（五）创新文化产业发展机制

文化产业的发展与创新在“一带一路”倡议中扮演着举足轻重的角色，这一进程不仅为不同文化间的交流与互鉴提供了广阔平台，更是推动文化传播和文化贸易创新的强大引擎。通过深化文化产业的发展与创新，我们能够显著提升中华文化的国际影响力和竞争力，进一步巩固其在全球文化舞台上的地位。因此，创新文化产业发展机制成为实施“一带一路”文化发展行动计划的重中之重，对于推动文化产业的繁荣与发展具有至关重要的意义。

1.完善文化产业发展政策

在“一带一路”倡议的推进下，文化产业的发展迎来了前所未有的机遇。为了抓住这一机遇，推动文化产业健康、有序、快速发展，完善文化产业发展政策显得尤为重要。这不仅能为文化产业提供坚实的制度保障，还能激发市场活力，推动文化产业持续创新。

(1)明确政策导向与目标

完善文化产业发展政策的首要任务是明确政策导向与目标。这包括明确文化产业的发展方向、重点领域以及政策支持的重点和力度。政策应当鼓励和支持具有创新性和市场竞争力的文化产业项目，推动文化产业向数字化、网络化、智能化方向发展。同时，政策还应关注文化产业与旅游、科技、教育等产业的融合发展，培育新的增长点和创新点。

(2)优化产业布局与结构

文化产业的发展需要合理的产业布局和结构。完善文化产业发展政策应当注重优化产业布局和结构，推动文化产业区域协调发展。这包括加大对西部地区等欠发达地区的政策扶持力度，鼓励其发挥地域文化和民族特色优势，培育和发展具有地方特色的文化产业集群。同时，也要关注东部地区等发达地区的文化产业发展，推动其向高端化、品牌化方向发展，形成具有国际竞争力的文化产业集群。

(3)加强政策之间的衔接与协调

文化产业发展政策涉及多个领域和部门，需要加强政策之间的衔接与协调。完善文化产业发展政策应当注重政策之间的协调性和一致性，避免出现政策重复、交叉或矛盾的情况。同时，还要加强部门之间的沟通和协作，形成政策合力，确保政策的有效实施和执行。

(4)创新政策工具与手段

随着时代的发展和市场的变化，传统的政策工具与手段已经难以适应文化产业的发展需求。完善文化产业发展政策应当注重创新政策工具与手段，运用新技术、新手段来推动文化产业发展。例如，可以利用互联网、大数据等技术手段来加强文化产业市场监测和数据分析，为政策制定提供科学依据；还可以设立文化产业投资基金和风险投资基金，吸引更多的社会资本参与文化产业投资。

(5)强化政策执行与监督

完善文化产业发展政策不仅需要制定好的政策，还需要加强政策执行与监督。政府应当建立健全的政策执行与监督机制，确保政策的有效实施和执行。同时,还要加强对文化企业的监管和服务,保障企业的合法权益和市场竞争秩序。

总之,完善文化产业发展政策是推动文化产业发展的重要保障。通过明确政策导向与目标、优化产业布局与结构、加强政策之间的衔接与协调、创新政策工具与手段以及强化政策执行与监督等措施,可以为文化产业的发展提供坚实的制度保障和有力的政策支持。

2.引导社会资本进入文化产业

文化产业的发展需要广泛的社会资本参与。社会资本不仅是文化产业发展的重要资金来源,还能为文化产业注入新的活力和创新动力。因此,引导社会资本进入文化产业,对于推动文化产业的发展与创新具有重要意义。

首先,要放宽市场准入条件,降低社会资本进入文化产业的门槛。通过简化审批流程、优化营商环境等措施,为社会资本提供更加便捷、高效的服务,激发其投资文化产业的热情和信心。同时,要打破行业壁垒和垄断现象,营造公平竞争的市场环境,让社会资本能够在市场中自由流动、公平竞争。

其次,要建立健全的文化产业投融资体系。这包括加强与金融机构的合作和交流,为文化产业提供多元化的融资渠道和资金支持。例如,可以设立文化产业投资基金和风险投资基金,吸引更多的社会资本参与文化产业投资。同时,还可以探索利用资本市场、债券市场等渠道为文化产业提供资金支持,降低融资成本,提高融资效率。

最后,政府还可以通过政策引导、税收优惠等方式鼓励社会资本投资文化产业。例如,对于投资文化产业的企业和个人,可以给予一定的税收减免或优惠;对于具有创新性和市场竞争力的文化产业项目,可以给予一定的政策扶持和资金支持。这些措施将有助于吸引更多的社会资本进入文化产业领域,推动文化产业的发展与创新。

在引导社会资本进入文化产业的过程中,还需要注重风险防控和监管。文化产业作为一个高风险、高回报的行业,其投资风险不容忽视。因此,政府需要加强对文化产业市场的监管和风险评估,及时发现和防范潜在的风险隐患。同时,还需要建立健全的风险防控机制,确保社会资本在投资文化产业时能够得到有效保障。

3.建立高效的文化产业运营体系

文化产业要实现持续、健康、快速发展,必须建立高效的文化产业运营体系。这包括完善企业治理结构、加强人才培养和引进、推动科技创新和产业升级等多个方面。

首先,要建立现代化的企业制度和治理结构。文化产业企业应当注重完善内部管理和运行机制,建立健全的决策、执行、监督体系,确保企业运营的高效性和规范性。同时,还需要加强企业文化建设,提高员工素质和企业凝聚力,为企业发展提供强大的精神动力和人才保障。

其次,要加强文化产业人才培养和引进工作。文化产业是一个知识密集型、人才密集型的行业,需要大量高素质、专业化的文化产业人才。因此,政府和企业应当注重加强文化产业人才培养和引进工作,打造一支高素质、专业化的文化产业人才队伍。这包括加强高等教育和职业教育中的文化产业专业建设,培养具有创新精神和实践能力的文化产业人才;同时,还需要积极引进海外优秀文化产业人才,为企业发展提供国际化视野和先进经验。

最后,还需要推动科技创新和产业升级。随着科技的快速发展和市场的不断变化,文化产业需要不断创新和升级才能保持竞争力。因此,政府和企业应当注重加强科技创新和产业升级工作,推动文化产业向数字化、网络化、智能化方向发展。这包括加强技术创新和研发能力建设,推动新技术在文化产业中的应用和推广;同时,还需要加强产业融合和跨界合作,推动文化产业与其他产业的融合发展,培育新的增长点和创新点。

在建立高效的文化产业运营体系的过程中,还需要注重优化资源配置和提高运营效率。政府应当加强对文化产业市场的监管和调控,确保资源能够得到高效配置和合理利用;同时,企业也需要注重提高运营效率和管理水平,降低运营成本和提高盈利能力。通过优化资源配置和提高运营效率,可以推动文化产业实现持续、健康、快速发展。

(六)培养专业人才与提升素质

人才的培养和素质的提升在推进"一带一路"建设的进程中扮演着至关重要的角色。这一倡议不仅需要经贸合作的"硬"支撑,也需要文化交流的"软"助力来共同推动。因此,加强文化产业人才培养、引进高层次文化创意人才以及提升文化产业从业人员素质,成为实现这一目标的关键环节。

1.加强文化产业人才培养

文化产业作为重要的软实力资源,对于促进共建国家的文化交流、增进人民之间的友谊、推动经济社会的共同发展具有不可替代的作用。因此,加强文化产业人才培养,培养一支具备国际视野、跨文化交流能力和创新精神的专业人才队伍,显得尤为关键。

首先,我们需要构建完善的文化产业人才培养体系。这包括在高校设立与文化产业相关的专业,如文化产业管理、文化创意设计、数字传媒等,为培养具备专业知识、实践能力和创新精神的文化产业人才提供系统的教育资源。同时,还需要加强与国外高校和文化机构的合作,共同制定人才培养方案,为学生提供更多的国际交流和实习机会。

其次,我们要注重培养学生的实践能力和创新精神。文化产业是一个充满创意和活力的领域,需要从业人员具备敏锐的市场洞察力、独特的创意能力和扎实的实践能力。因此,在教学过程中,我们应该注重理论与实践相结合,鼓励学生参与实际项目,培养他们的实践能力和创新精神。

最后,我们还需要加强对文化产业从业人员的在职培训。随着科技的不断进步和市场的不断变化,文化产业从业人员需要不断更新知识和技能,以适应新的市场需求。因此,我们可以通过开展定期的培训和学习活动,为从业人员提供最新的行业动态、市场分析和技能提升课程,帮助他们不断提高自身的素质和能力。

加强文化产业人才培养是推进"一带一路"建设的重要任务之一。我们需要构建完善的培养体系,注重实践能力和创新精神的培养,并加强对文化产业从业人员的在职培训,为"一带一路"文化建设提供坚实的人才保障。

2.引进高层次文化创意人才

在“一带一路”倡议的深入推进下，引进高层次文化创意人才成为推动共建国家文化产业繁荣发展的关键环节。这些人才不仅能为“一带一路”建设注入新的活力和创意，还能促进不同国家之间的文化交流与融合，共同构建人类命运共同体。

首先，引进高层次文化创意人才有助于提升共建国家的文化产业创新能力和竞争力。这些人才通常具备丰富的行业经验和独特的创意视角，能够为文化产业的发展提供新的思路和方案。他们的加入将有助于推动文化产业向高端化、特色化、品牌化方向发展，提升文化产业的整体竞争力和影响力。

其次，引进高层次文化创意人才有助于促进不同国家之间的文化交流与融合。这些人才通常具有国际视野和跨文化交流能力，能够深入了解不同国家和地区的文化特色和需求，推动文化产品的国际传播和文化产业的国际合作。他们的加入将有助于打破文化壁垒，促进不同文化之间的交流和融合，增进人民之间的友谊和相互理解。

为了有效引进高层次文化创意人才，我们需要采取一系列措施。首先，要制定具有吸引力的人才引进政策，包括提供优厚的薪酬待遇、良好的工作环境和发展空间等，吸引这些人才来到我们的国家和企业。其次，要加强与国内外高校、文化机构和企业的合作，共同开展人才培养和引进工作，形成人才培养的合力。最后，还需要建立健全的人才激励机制，鼓励这些人才发挥自身的优势和特长，为文化产业的发展作出更大的贡献。

引进高层次文化创意人才是推进“一带一路”建设的重要任务之一。我们需要制定具有吸引力的人才引进政策，加强与国内外高校、文化机构和企业的合作，共同推动文化产业的发展繁荣。这些人才的加入将为“一带一路”建设注入新的活力和创意，推动共建国家的文化交流与合作不断迈上新的台阶。

3.提升文化产业从业人员素质

提升文化产业从业人员素质对于实现文化产业的高质量发展至关重要。随着全球化趋势的加速和文化交流的不断深入，文化产业面临着日益激烈的市场竞争和多元化的发展需求，因此，提高从业人员的专业素质、拓宽其知识视野、增强其创新能力成为迫切需求。

首先，提升文化产业从业人员素质有助于增强行业的核心竞争力。一个行业的核心竞争力往往取决于其从业人员的专业素质和创新能力。通过加强培训和学习，使从业人员掌握最新的行业知识和技能，能够更好地应对市场变化，提高产品的质量和竞争力。

其次，提升从业人员素质有助于推动文化产业的创新发展。在文化产业中，创意和创新是推动行业发展的关键因素。提升从业人员的创新意识和创新能力，能够激发行业的创新活力，推动文化产品的创新和发展，满足消费者的多样化需求。

为了有效提升文化产业从业人员素质，我们可以采取以下措施：

一是加强职业培训。通过定期举办职业培训、专题讲座和研讨会等活动，为从业人员提供最新的行业动态、市场分析和专业知识，帮助他们更新知识结构，提高专业技能。

二是鼓励继续教育。鼓励从业人员参加各类高等教育和继续教育课程，提升学历水平和综合素质。同时，建立激励机制，对取得高学历、高职称或获得重要成果的从业人员给予相应的奖励和支持。

三是加强实践锻炼。鼓励从业人员参与实际项目和工作实践，积累工作经验和提升实践能力。通过实践锻炼，使从业人员更好地将理论知识与实际工作相结合，提高解决实际问题的能力。

提升文化产业从业人员素质是推动“一带一路”建设的重要内容之一。通过加强职业培训、鼓励继续教育和加强实践锻炼等措施，我们可以有效提高从业人员的专业素质、创新意识和创新能力，推动文化产业的高质量发展。

（七）注重可持续发展与文化保护

注重可持续发展与文化保护不仅体现了对自然环境和人类文明的尊重，也是实现长期、稳定、健康发展的重要保障。

1.坚持绿色发展理念

坚持绿色发展理念是确保共建国家和地区实现可持续发展的重要基

石。绿色发展理念强调经济发展与环境保护的和谐共生,要求在追求经济增长的同时,充分考虑生态环境的承载能力,实现人与自然的和谐共生。

首先,坚持绿色发展理念有助于提升“一带一路”建设的品质。在项目的规划、建设和运营过程中,充分考虑环境因素,采用绿色技术和方法,减少对环境的负面影响,提高项目的生态效益。这不仅能够为共建国家和地区带来更加清洁、健康的环境,还能够提升项目的社会形象和市场竞争力。

其次,坚持绿色发展理念有助于促进共建国家和地区的可持续发展。绿色发展理念强调在经济发展的同时,注重生态环境保护,实现经济发展与环境保护的良性循环。这要求共建国家和地区在推动经济发展的过程中,积极探索绿色发展路径,推动绿色产业的发展,加强环境监管和治理,实现经济发展与环境保护的双赢。

为了实现绿色发展,我们可以采取一系列具体措施。一是加强政策引导,制定和完善绿色发展的政策体系,鼓励和支持绿色产业的发展,推动清洁能源、节能环保等领域的技术创新和应用。二是加强国际合作,与共建国家和地区共同制定绿色发展的合作计划,分享绿色发展的经验和技术,共同应对全球环境挑战。三是加强环境监管和治理,建立健全的环境监测和评估体系,加强对污染源的监管和治理,推动生态环境的持续改善。

坚持绿色发展理念是“一带一路”建设中的重要原则之一。通过加强政策引导、国际合作和环境监管等措施,我们能够推动共建国家和地区的绿色发展,实现经济发展与环境保护的和谐共生,为构建人类命运共同体贡献力量。

2.保护文化遗产与历史遗迹

保护文化遗产与历史遗迹是“一带一路”倡议深入推进的至关重要的环节。这些文化遗产和历史遗迹不仅是共建国家和地区历史的见证,更是人类文明的瑰宝。因此,我们需要在“一带一路”建设的过程中,高度重视并切实保护这些宝贵的文化遗产和历史遗迹。

首先,保护文化遗产与历史遗迹是对历史的尊重与传承。这些文化遗产和历史遗迹承载着共建国家和地区的丰富历史和文化信息,是连接过去、现在和未来的重要纽带。通过保护这些文化遗产和历史遗迹,我们能够更好地了解和认识这些国家和地区的历史和文化，促进文化交流和互鉴，推动人类文明的繁荣发展。

其次，保护文化遗产与历史遗迹对于促进旅游业的发展具有重要意义。这些文化遗产和历史遗迹是共建国家和地区独特的旅游资源，吸引着世界各地的游客前来参观和体验。通过保护和利用这些资源，我们能够推动旅游业的发展，为当地经济注入新的活力。同时，旅游业的发展也能够带动相关产业的繁荣，促进就业和经济增长。

为了实现文化遗产与历史遗迹的有效保护，我们可以采取以下措施：一是加强法律法规建设，制定和完善相关法规政策，明确保护责任和管理机制，为文化遗产和历史遗迹的保护提供法律保障。二是加强国际合作，与共建国家和地区共同制定保护计划，分享保护经验和技术，共同应对保护工作中的挑战。三是加强宣传教育，提高公众对文化遗产和历史遗迹保护的认识和重视程度，形成全社会共同参与保护的良好氛围。

保护文化遗产与历史遗迹是“一带一路”建设中的重要任务之一。我们需要高度重视这些宝贵的资源，采取切实有效的措施进行保护，确保它们在“一带一路”建设的过程中得到妥善的保护和传承，为共建国家和地区的发展注入新的动力和活力。

3.实现文化与经济的协调发展

文化与经济作为社会发展的两大支柱，相互依存、相互促进，共同推动着社会的全面进步。因此，在“一带一路”建设中，我们需要高度重视并努力实现文化与经济的协调发展。

首先，文化与经济的协调发展有助于提升共建国家和地区的整体竞争力。文化产业作为新兴产业，具有巨大的发展潜力和市场空间。通过发展文化产业，可以促进经济增长、增加就业机会，提高人民生活水平。同时，文化产业的发展也能够提升国家软实力，增强国际影响力。因此，将文化产业与经济发展相结合，可以实现优势互补、互利共赢。

其次，文化与经济的协调发展有助于促进文化交流与融合。在“一带一路”建设中，共建国家和地区拥有丰富多样的文化资源。通过加强文化交流与合作，可以促进不同文化之间的相互了解和认同，增进人民之间的友谊和互信。这种文化交流与融合不仅能够推动文化产业的发展,还能够为经济发展注入新的动力和活力。

为了实现文化与经济的协调发展,我们可以采取以下措施:一是加强政策引导和支持,制定和完善相关政策措施,鼓励和支持文化产业的发展,促进文化与经济的深度融合。二是加强人才培养和引进,培养一批具备国际视野、创新能力强的文化产业人才,为文化产业的发展提供有力的人才保障。三是加强国际合作与交流,与共建国家和地区共同开展文化产业合作项目,分享文化产业发展的经验和技术,共同推动文化产业的发展繁荣。

实现文化与经济的协调发展是“一带一路”建设中的重要任务之一。通过加强政策引导、人才培养和国际合作等措施,我们可以推动文化产业与经济的深度融合,实现文化与经济的协调发展,为共建国家和地区的发展注入新的动力和活力。

第二节 “一带一路”与文化贸易

一、文化贸易的现状与特点

(一)文化贸易的规模与结构

1.全球文化贸易概览

在全球经济一体化和多元化的推动下,文化贸易已经成为国际贸易领域中一个不可或缺的部分,不仅推动着经济增长,更促进了不同文化之间的交流与融合。近年来,全球文化贸易规模持续扩大,增长速度显著,成为国际贸易中的新亮点。

从贸易额来看,全球文化贸易的总量呈稳步增长态势。随着科技的进步和数字化的发展,文化产品的传播速度和范围都得到了极大提升,使得文化贸易在全球范围内蓬勃兴起。此外,人们对文化消费的需求日益增长,为文化贸易提供了广阔的市场空间。

从贸易结构来看,全球文化贸易涵盖了多个领域,包括影视、音乐、出版、艺术品、文化创意产品等。其中,影视和音乐作为最具代表性的文化产品,在贸易中占据了重要地位。同时,随着数字技术的普及和应用,数字文化产品如电子书、网络游戏等也逐渐成为文化贸易的重要组成部分。

从地域分布来看,全球文化贸易主要集中在发达国家和发展中国家之间。发达国家凭借其先进的文化产业和强大的经济实力,在文化贸易中占据主导地位。而发展中国家则通过挖掘自身独特的文化资源,积极发展文化产业,逐步在文化贸易中崭露头角。

展望未来,随着全球经济的复苏和消费者需求的持续增长,全球文化贸易的规模将进一步扩大,结构将更加优化。同时,数字化和互联网技术的发展将为文化贸易带来更多的机遇和挑战。因此,各国应加强文化贸易合作与交流,共同推动全球文化贸易的繁荣发展。

2.“一带一路”沿线文化贸易现状

“一带一路”,这一伟大的合作倡议,不仅在经济领域取得了显著的成果,在文化贸易方面也展现出了巨大的潜力和活力。共建国家之间的文化交流和贸易往来日益频繁,为各自的文化产业发展注入了新的动力。

首先,我们要明确的是,“一带一路”倡议为共建国家提供了一个广阔的平台,使得各国能够展示自身的文化特色和价值观念。在这个平台上,各国不仅可以进行商品和服务的交换,更可以进行文化的传播和交流。这种交流是双向的,既有助于增进彼此的了解和友谊,也能促进各自文化的创新和发展。在过去的几年里,“一带一路”共建国家的文化贸易增长显著。这主要得益于倡议的推动和实施,以及共建国家对文化产业的重视和支持。随着合作的深入,越来越多的企业开始涉足文化贸易领域,推出了一系列具有地方特色的文化产品和服务。这些产品不仅满足了市场需求,也推动了文化产业的发展。

同时,我们也要看到,“一带一路”倡议背景下的文化贸易增长并不仅仅局限于传统的文化产品和形式。随着科技的进步和数字化时代的发展,一些新兴的文化业态也逐渐崭露头角。比如,数字内容产业、文化创意产业等都在快速发展,成为推动文化贸易增长的新引擎。这些新兴产业的发展,不仅丰富了人们的文化生活,也为文化产业带来了新的增长点。

当然,在取得成绩的同时,我们也应该认识到,“一带一路”共建国家的文化贸易发展还面临着一些挑战和问题。比如,文化差异和语言障碍可能会影响贸易的顺利进行;此外,一些国家和地区的市场环境还不够完善,需要进一步完善相关政策和法规。但是,只要我们坚持开放包容、互利共赢的原则,加强沟通和协作,就一定能够克服这些困难,推动文化贸易的持续发展。

(二)文化贸易的结构与领域

1.主要文化贸易领域

(1)电影

电影作为最具视觉冲击力和文化表现力的艺术形式之一,在全球文化贸易中占据着举足轻重的地位。在“一带一路”共建国家中,电影贸易的规模和影响力不断扩大。各国电影产业通过合作拍摄、版权交易、电影节展映等方式,实现了电影作品的跨国传播和交流。这不仅丰富了共建国家的电影市场,也为观众带来了更多元化的观影选择。

(2)音乐

音乐作为一种无国界的语言,具有极强的感染力和传播力。在“一带一路”倡议背景下,音乐贸易也呈现出蓬勃发展的态势。各国音乐家和歌手通过音乐交流、演唱会、音乐节等活动,将各自的音乐文化传播到世界各地。同时,数字音乐平台的兴起也为音乐贸易提供了新的渠道和机遇。通过在线购买、下载和分享音乐产品,消费者可以更加便捷地获取到世界各地的音乐资源。

(3)出版

出版业作为文化产业的重要组成部分,也在“一带一路”倡议背景下得到了快速发展。各国出版社通过版权贸易、合作出版等方式,将优秀的图书作品推向国际市场。这不仅促进了不同文化之间的交流和融合,也为读者提供了更多样化的阅读选择。同时,随着电子书和数字阅读的兴起,出版业也面临着转型和升级的挑战。

(4)艺术品

艺术品作为文化贸易中的重要组成部分,具有极高的艺术价值和收藏价值。在“一带一路”倡议背景下，艺术品贸易也呈现出活跃的态势。各国艺术家和收藏家通过艺术品展览、拍卖等方式，将各自的艺术品推向国际市场。这不仅促进了艺术品的流通和交易，也为艺术家提供了更广阔的发展空间。同时，艺术品贸易也面临着真伪鉴别、价值评估等难题，需要各方共同努力加以解决。

（5）文化创意产品

文化创意产品是指将文化元素与创意设计相结合，通过创新的方式呈现出来的产品。在“一带一路”倡议背景下，文化创意产品贸易也逐渐成为文化贸易的重要组成部分。各国设计师和创意工作者通过设计竞赛、展览展示等方式，将各自的文化创意产品推向国际市场。这些产品不仅具有独特的文化内涵和审美价值，也满足了消费者对于个性化和差异化的需求。

2.贸易结构分析

在“一带一路”倡议背景下，各类文化产品在贸易中的占比和分布呈现出以下特点：

（1）电影和音乐贸易占据重要地位

由于电影和音乐具有极强的视觉冲击力和感染力，因此在文化贸易中占据着重要地位。这两类文化产品的贸易额和影响力较大，对于推动文化交流和传播具有重要作用。同时，随着数字技术的普及和应用，电影和音乐贸易的数字化趋势也日益明显。

（2）出版和艺术品贸易稳步增长

出版和艺术品作为传统的文化贸易领域，在“一带一路”倡议背景下也呈现出稳步增长的趋势。各国出版社和艺术家通过合作出版、艺术品展览等方式，将优秀的图书作品和艺术品推向国际市场。

（3）文化创意产品贸易崭露头角

随着消费者对于个性化和差异化的需求日益增长，文化创意产品贸易也逐渐崭露头角。各国设计师和创意工作者通过创新设计和研发，将文化元素与创意设计相结合，推出了众多具有独特文化内涵和审美价值的文化创意产品。这些产品在贸易中逐渐受到关注和认可，成为文化贸易的新亮点。

(4)数字文化产品贸易发展迅速

随着数字技术的快速发展和普及应用,数字文化产品贸易也呈现出快速发展的态势。电子书、网络游戏、数字音乐等数字文化产品通过在线平台进行交易和传播,为消费者提供了更加便捷和丰富的文化消费体验。同时,数字文化产品贸易也面临着版权保护、数据安全等挑战和问题需要加以解决。

综上所述,“一带一路”倡议背景下的文化贸易在结构和领域上呈现出多元化和复杂化的特点。各类文化产品在贸易中占据不同的地位和比重共同构成了丰富多彩的文化贸易格局。同时我们也应该看到文化贸易在发展过程中还面临着一些挑战和问题需要我们共同努力加以解决以推动文化贸易的持续健康发展。

(三)文化贸易的主要方式与渠道

在“一带一路”倡议的推动下,文化贸易的方式与渠道日益多样化,涵盖了传统的一般贸易、跨境电商等新兴贸易方式,以及线上平台、国际展会和文化交流活动等多元化的销售渠道。这些方式与渠道共同构成了文化贸易的复杂网络,促进了不同文化之间的交流与融合。

1.贸易方式

(1)一般贸易

一般贸易作为传统的贸易方式,在文化贸易中仍然占据着重要地位。一般贸易通过签订买卖合同,按照国际惯例和规则进行商品的买卖交易。在文化贸易中,一般贸易主要涉及图书、艺术品、电影拷贝等实体文化产品的进出口。一般贸易具有流程复杂、时间周期长、风险较高等特点,但对于建立稳定的供应链和品牌形象具有重要意义。

(2)跨境电商

跨境电商是近年来兴起的贸易方式,通过电子商务平台进行商品的跨境交易。在文化贸易中,跨境电商为文化产品的传播和销售提供了新的渠道。通过跨境电商平台,消费者可以更加便捷地购买到世界各地的文化产品,如数字音乐、电子书、在线课程等。跨境电商具有全球性、匿名性、无形性、即时性、无纸性等特点，为文化贸易的发展带来了新的机遇。

(3)服务贸易

服务贸易是指一国的法人或自然人在其境内或进入他国境内向外国的法人或自然人提供服务的贸易行为。在文化贸易中，服务贸易主要涉及影视制作、音乐版权、演艺演出等文化服务的进出口。服务贸易的方式包括跨境交付、境外消费、商业存在和自然人流动等。服务贸易的发展有助于推动文化产业的国际化进程，促进不同文化之间的交流与融合。

2.销售渠道

(1)线上平台

线上平台是文化产品的重要销售渠道之一，具有覆盖面广、传播速度快、互动性强等特点。在线上平台上，文化企业可以建立自己的官方网站、社交媒体账号、在线商店等，展示和销售文化产品。通过搜索引擎优化(SEO)、社交媒体营销(SMM)、电子邮件营销(EDM)等手段，线上平台可以吸引更多的潜在客户，提高文化产品的知名度和销售量。同时，线上平台还可以提供个性化的推荐服务，满足消费者的多样化需求。

(2)国际展会

国际展会是文化产品展示和交易的重要场所，具有展示效果好、交流机会多、成交率高等特点。在国际展会上，文化企业可以展示自己的最新产品和技术，与来自世界各地的买家和观众进行面对面交流。通过参加国际展会，文化企业可以拓展国际市场，了解行业趋势和市场需求，为产品开发和市场拓展提供有力支持。同时，国际展会还可以促进不同文化之间的交流和融合，推动文化产业的发展。

(3)文化交流活动

文化交流活动是文化产品传播和推广的重要渠道之一，具有互动性强、影响力大等特点。通过举办音乐会、电影节、艺术节等文化交流活动，文化企业可以向公众展示和推广自己的文化产品。这些活动不仅可以吸引观众和媒体的关注，提高文化产品的知名度和影响力，还可以促进不同文化之间的交流和融合，增进相互了解和友谊。同时，文化交流活动还可以为文化企业创造商业机会和合作机会，推动文化产业的发展。

二、文化贸易在对外文化传播中的作用

(一)促进文化交流与理解

文化贸易在对外文化传播中扮演着至关重要的角色,它不仅促进了各国之间的经济联系,更为文化交流与理解搭建了桥梁。通过文化贸易,各国人民得以更深入地了解彼此的文化特色和价值观,从而增进友谊与互信,推动世界文化的繁荣发展。

1.加深文化认知

(1)扩大文化视野

文化贸易将世界各地的文化产品引入市场,使得消费者能够接触到来自不同国家和地区的文化元素。这种跨文化的交流让人们有机会了解到世界各地的历史、传统、艺术、习俗等,从而拓宽了文化视野,增加了对不同文化的认知和理解。

(2)增进文化认同

通过文化贸易,各国人民能够接触到更多元化的文化产品,这些产品所蕴含的文化元素和价值观念往往能够引起人们的共鸣和认同。这种文化认同有助于促进不同文化之间的交流和融合,增进各国人民之间的友谊和互信。

(3)推动文化创新

文化贸易促进了不同文化之间的交流和碰撞,这种交流和碰撞往往会激发出新的文化元素和创意。这些新的文化元素和创意能够推动文化产业的发展和创新,为各国文化产业的繁荣注入新的动力。

2.增进友谊与互信

(1)搭建友谊桥梁

文化贸易为人们提供了了解不同文化的机会,这种了解有助于消除误解和偏见,增进彼此之间的友谊。通过购买和使用来自不同国家的文化产品,人们能够感受到不同文化的魅力和价值,从而增进对彼此文化的尊重和认同。

(2)加强互信基础

文化贸易不仅促进了文化交流,还为各国之间的政治、经济等领域的合作奠定了基础。通过文化贸易,各国能够建立起更加紧密的联系和互信关系,为合作提供有力支持。这种互信关系有助于推动各国之间的合作与发展,实现共赢。

(3)塑造国家形象

文化贸易是展示国家形象的重要途径之一。通过推广本国的文化产品和文化元素,国家可以向世界展示自己的文化魅力和价值观念。这种展示有助于塑造良好的国家形象,提高国际声誉和影响力。同时,国家形象的塑造也能够为文化贸易的发展提供有力支持,形成良性循环。

在具体实践中,文化贸易在促进文化交流与理解方面取得了显著成效。以“一带一路”倡议为例,该倡议推动了共建国家之间的文化贸易合作,促进了不同文化之间的交流与融合。通过电影、音乐、出版、艺术品等领域的贸易合作,各国人民得以更深入地了解彼此的文化特色和价值观,增进了友谊与互信。同时,“一带一路”倡议还推动了文化产业的发展和创新,为各国文化产业的繁荣注入了新的动力。

然而,文化贸易在促进文化交流与理解方面也面临着一些挑战。由于文化差异和语言障碍等因素的存在,不同文化之间的交流和理解可能存在一定的困难。此外,一些国家可能存在文化保护主义倾向,限制外来文化产品的进入和传播。因此,我们需要加强国际合作和沟通,推动文化贸易的开放和包容性发展,以更好地促进文化交流与理解。

总之,文化贸易在对外文化传播中发挥着重要作用,它通过促进文化交流与理解,加深了各国人民之间的友谊和互信。我们应该充分利用文化贸易这一平台,推动不同文化之间的交流和融合,促进世界文化的繁荣发展。同时,我们也需要加强国际合作和沟通,共同应对文化贸易面临的挑战和问题,推动文化贸易的健康发展。

(二)提升国家文化软实力

文化贸易不仅促进了不同文化之间的交流与理解,而且在提升国家文化软实力方面发挥着重要作用。通过文化贸易,一个国家能够向世界展示其独特的文化魅力和创新能力,进而树立良好的国家形象,并增强其在国际舞台上的文化软实力和话语权。

1.树立良好形象

(1)展示文化魅力

文化贸易是展示一个国家文化魅力的重要途径。通过电影、音乐、出版、艺术品等文化产品的出口,一个国家能够将其独特的文化元素、价值观念、历史传统等传递给世界。这些文化产品所蕴含的文化内涵和艺术价值,能够吸引国际社会的关注和认可,从而树立起良好的国家形象。

(2)彰显创新能力

创新是文化贸易的重要驱动力。一个国家通过文化贸易展示其创新能力,不仅能够吸引更多的国际消费者,还能够提升其在国际文化市场中的竞争力。这种创新能力不仅体现在文化产品的创意和设计上,还体现在文化产业的运营和管理上。通过不断创新,一个国家能够形成自己独特的文化品牌和文化特色,从而在国际文化市场中脱颖而出。

(3)塑造文化认同

文化贸易有助于塑造国际社会对某个国家的文化认同。当一个国家的文化产品在国际市场上受到欢迎和认可时,这种文化认同就会逐渐形成。这种文化认同不仅能够增强国际社会对该国的了解和尊重,还能够促进不同文化之间的交流和融合。同时,文化认同也是国家软实力的重要组成部分,它有助于提升国家在国际舞台上的影响力和话语权。

2.增强国际影响力

(1)提升文化软实力

文化贸易是提升国家文化软实力的重要手段。通过文化贸易,一个国家能够将其独特的文化元素和价值观念传递给世界,从而增强其在国际文化市场中的影响力和话语权。这种文化软实力不仅有助于提升国家的国际地位和声誉,还能够为国家的政治、经济等领域的发展提供有力支持。

(2)扩大国际传播渠道

文化贸易有助于扩大国际传播渠道,提升国家在国际社会中的知名度和影响力。通过文化贸易，一个国家能够将其文化产品推向国际市场，吸引更多的国际消费者和媒体关注。这种国际传播渠道的扩大不仅有助于提升国家的国际影响力，还能够为国家的政治、经济等领域的发展提供更多的机遇和可能性。

(3)推动文化产业国际化

文化贸易有助于推动文化产业的国际化进程。通过参与国际文化市场竞争和合作，一个国家能够学习到先进的文化产业运营和管理经验，提升本国文化产业的竞争力和创新能力。同时，文化产业国际化也有助于提升国家的国际地位和影响力，增强其在国际文化市场中的话语权和影响力。

在具体实践中，许多国家通过文化贸易成功地提升了自身的文化软实力。以韩国为例，该国通过大力发展文化产业和推动文化贸易，成功地将“韩流”文化推向全球。韩国的电影、音乐、电视剧等文化产品在国际市场上备受欢迎，吸引了大量国际消费者的关注和喜爱。这种“韩流”文化的兴起不仅提升了韩国的国际知名度和影响力，还带动了该国文化产业的发展和创新。

然而，要想充分发挥文化贸易在提升国家文化软实力中的作用，还需要注意以下几点：

第一，加强对文化贸易的支持和投入。政府应该加强对文化贸易的支持和投入，包括提供财政资金支持、加强人才培训、完善相关法律法规等。同时，还需要鼓励和支持企业积极参与文化贸易活动，提升其在国际文化市场中的竞争力和影响力。

第二，推动文化产业创新和发展。文化产业是文化贸易的重要基础。一个国家要想在文化贸易中取得成功，必须推动文化产业的创新和发展。这包括加强文化产业的研发和创新、推动文化产业与其他产业的融合发展等。只有不断创新和发展文化产业，才能为文化贸易提供源源不断的动力和支持。

第三，加强国际合作和沟通。国际合作和沟通是文化贸易发展的重要保障。一个国家要想在文化贸易中取得成功，必须加强与其他国家的合作和沟通。这包括加强与其他国家的文化交流、加强在国际文化组织中的合作和协调等。只有加强国际合作和沟通，才能更好地推动文化贸易的发展并提升国家的文化软实力。

（三）推动文化产业发展

文化贸易作为国际文化交流和经济交往的重要形式，对于推动文化产业的发展具有不可替代的作用。通过文化贸易，文化产业得以拓展市场空间，获得更广阔的发展机遇，同时也在内容、技术、商业模式等方面促进了创新，为文化产业的持续繁荣提供了动力。

1.拓展市场空间

（1）打开国际市场大门

文化贸易为文化产业提供了打开国际市场大门的钥匙。通过文化贸易，文化产业可以将其产品和服务推向国际市场，实现跨国界的传播和交流。这不仅有助于文化产业扩大销售规模，增加收入来源，还能够提升其在国际文化市场中的竞争力和影响力。

（2）挖掘潜在市场需求

文化贸易有助于文化产业挖掘潜在的市场需求。在全球化背景下，不同国家和地区的消费者对于文化产品和服务的需求日益多样化。通过文化贸易，文化产业可以深入了解不同市场的文化特点和消费者需求，进而调整产品策略和市场策略，满足消费者的多样化需求。这有助于文化产业更好地适应市场变化，实现可持续发展。

（3）促进文化产业多元化发展

文化贸易有助于文化产业实现多元化发展。不同国家和地区的文化元素、价值观念、艺术风格等各具特色，通过文化贸易，文化产业可以吸收借鉴不同文化的精髓，丰富自身的文化内涵和艺术表现。同时，文化贸易也能够推动文化产业在内容、形式、技术等方面的创新，形成具有独特风格和魅力的文化产品和服务。这有助于文化产业实现多元化发展，满足不同消费者的需求和偏好。

2.创新驱动

（1）内容创新

文化贸易促进了文化产业在内容方面的创新。在全球化背景下，文化交流和融合成为趋势，文化产业需要不断创新内容，以满足消费者的需求。通过文化贸易，文化产业可以引入新的文化元素、艺术风格和表现形式，丰富自身的文化内涵和艺术表现。

（2）技术创新

文化贸易推动了文化产业在技术方面的创新。随着科技的不断进步和应用，文化产业需要借助新技术提升产品质量和服务水平。通过文化贸易，文化产业可以引进先进的技术设备和制造工艺，提高生产效率和产品质量。同时，文化贸易也能够推动文化产业在技术创新方面的投入和研发，形成具有自主知识产权的核心技术和竞争优势。

（3）商业模式创新

文化贸易促进了文化产业在商业模式方面的创新。在全球化背景下，文化产业需要不断创新商业模式，以适应市场变化和消费者需求。通过文化贸易，文化产业可以学习和借鉴其他国家和地区的成功经验，结合自身的实际情况进行商业模式创新。例如，通过跨境电商平台拓展销售渠道、通过线上线下融合提升消费者体验等。这些创新模式有助于文化产业更好地满足市场需求，提高市场竞争力。

在具体实践中，文化贸易在推动文化产业发展方面取得了显著成效。以中国电影产业为例，近年来，随着中国电影市场的不断扩大和电影制作水平的不断提高，越来越多的中国电影开始走向国际市场。通过参加国际电影节、与外国电影公司合作等方式，中国电影不仅提升了在国际电影市场中的知名度和影响力，还吸引了更多的国际资本和人才进入中国电影产业。这种跨国界的合作和交流不仅有助于中国电影产业的创新和发展，也为中华文化在国际上树立了良好的形象。

然而，要想充分发挥文化贸易在推动文化产业发展中的作用，还需要注意以下几点：

第一，加强文化贸易政策的支持和引导。政府应该制定和完善文化贸易政策，为文化产业提供必要的支持和引导。这包括提供税收优惠、加强知识产权保护、鼓励企业参与国际竞争等。同时，政府还应该加强与其他国家和地区的合作和交流，为文化产业的发展提供更加广阔的市场空间和机遇。

第二,加强文化产业人才培养和引进。文化产业的发展需要大量的人才支持。政府和企业应该加强文化产业人才的培养和引进工作,提高文化产业从业人员的素质和能力水平。同时,还应该加强与国际文化产业界的合作和交流,引进国外先进的管理经验和技术人才,为文化产业的发展注入新的活力和动力。

第三,加强文化产业的创新研发。创新是文化产业发展的关键。政府和企业应该加强文化产业的创新研发工作,推动文化产业在内容、技术、商业模式等方面的创新。同时,还应该加强与其他行业的合作和交流,推动文化产业与其他行业的融合发展,形成新的增长点和发展动力。

三、文化贸易面临的挑战

在全球化的背景下,文化贸易作为促进文化交流和经济增长的重要力量,面临着多方面的挑战。其中,文化差异与贸易壁垒、知识产权保护与盗版问题尤为突出,对文化贸易的顺利进行构成了严重威胁。

(一)文化差异与贸易壁垒

文化差异是文化贸易中不可避免的问题。不同国家、民族和地区之间的文化传统、价值观念、审美标准等存在差异,这可能导致文化产品在国际市场上的接受程度不同。在某些情况下,文化差异甚至可能成为贸易壁垒,阻碍文化产品的顺利出口。

首先,文化差异可能导致文化产品的误解和偏见。由于文化背景和认知习惯的不同,国际消费者可能对某些文化产品产生误解或偏见,从而影响其购买意愿。这种误解和偏见可能源于对文化符号、象征意义的误解,也可能源于对文化产品的审美标准的差异。

其次,文化差异可能导致市场准入障碍。不同国家对于文化产品的审查标准和市场准入要求存在差异,这可能导致某些文化产品难以进入某些国家的市场。例如,某些国家可能对电影、电视剧等文化产品实行严格的审查制度,限制其进口和播出。

最后,文化差异还可能影响文化产品的营销策略和推广效果。由于文化背景和消费习惯的不同,国际消费者对于文化产品的需求和偏好可能存在差异。因此，在制定营销策略和推广计划时，需要充分考虑目标市场的文化背景和消费习惯，以确保文化产品能够得到有效推广和销售。

（二）知识产权保护与盗版问题

知识产权是文化产业的核心资产，对于保护文化创新、促进文化产业发展具有重要意义。然而，在文化贸易中，知识产权侵权行为时有发生，严重损害了文化产品的市场价值和竞争力。

首先，知识产权侵权行为会削弱文化产品的市场竞争力。盗版产品往往以低廉的价格销售，抢占了正版产品的市场份额，导致正版产品难以获得应有的回报。这不仅损害了文化企业的利益，也削弱了文化产业整体的市场竞争力。

其次，知识产权侵权行为会破坏文化创新的环境。盗版产品往往缺乏对原创作品的尊重和保护，导致创作者难以获得应有的回报和认可。这将削弱创作者的创新动力，阻碍文化产业的发展和创新。

最后，知识产权侵权行为还会损害国际形象和声誉。一个国家如果缺乏有效的知识产权保护制度，将导致其文化产品在国际市场上受到质疑和抵制，影响其国际形象和声誉。

四、文化贸易的促进策略

（一）贸易政策的优化与调整

在全球化的时代背景下，文化贸易作为国家软实力的重要组成部分，对于推动国家经济发展、增强国际影响力具有不可替代的作用。然而，文化贸易在发展过程中也面临着诸多挑战和障碍，如市场准入壁垒、知识产权保护不力、文化差异等。为了有效应对这些挑战，促进文化贸易的健康发展，贸易政策的优化与调整显得尤为重要。

1.优化贸易政策，降低市场准入壁垒

（1）推动双边和多边贸易协定的签订

通过推动双边和多边贸易协定的签订，可以为文化贸易提供更多的市场准入机会。这些协定可以包括降低关税、取消非关税壁垒、简化通关手续等内容,从而降低文化产品进入他国市场的门槛。同时,还可以通过协定中的争端解决机制,解决在贸易过程中产生的纠纷,保障文化贸易的顺利进行。

(2)加强与国际组织的合作

国际组织在文化贸易领域具有重要地位和影响力。通过加强与国际组织的合作,可以共同推动文化贸易的自由化和便利化。例如,可以与国际贸易组织(WTO)合作,推动文化贸易纳入多边贸易体系;可以与联合国教科文组织(UNESCO)合作,共同推动文化遗产的保护和传承;还可以与世界知识产权组织(WIPO)合作,加大知识产权的保护力度。

(3)设立文化贸易促进机构

为了更好地推动文化贸易的发展,可以设立专门的文化贸易促进机构。这些机构可以负责收集和分析国际文化市场的信息,为文化企业提供市场咨询和贸易指导;可以组织文化企业参加国际文化展会和交流活动,拓展国际市场;还可以协助文化企业解决在贸易过程中遇到的问题和困难。

2.调整贸易政策,加强知识产权保护

知识产权是文化贸易的核心要素之一。然而,在当前的国际文化市场中,知识产权侵权现象时有发生,严重损害了文化企业和创作者的利益。为了加强知识产权保护,贸易政策需要进行以下调整:

(1)完善知识产权法律法规

完善知识产权法律法规是加强知识产权保护的基础。通过制定更加完善、严格的知识产权法律法规,可以明确知识产权的归属、使用和保护范围,为文化企业提供更加有力的法律保障。同时,还要加大执法力度,对侵权行为进行严厉打击,形成有效的震慑作用。

(2)建立知识产权交易平台

建立知识产权交易平台可以为文化企业提供更加便捷、高效的知识产权交易服务。这些平台可以提供知识产权的评估、转让、许可等服务,帮助文化企业实现知识产权的价值最大化。同时,还可以促进知识产权的流通和共享,推动文化产业的创新发展。

(3)加强国际合作与协调

知识产权保护是一个全球性的问题,需要各国共同合作和协调。通过加强国际合作与协调,可以共同打击跨国知识产权侵权行为,维护国际文化市场的公平竞争。同时,还可以促进知识产权制度的国际化和统一化,为文化贸易的发展提供更加稳定、可靠的法律环境。

3.制定差异化政策,适应不同市场需求

由于不同国家和地区的文化背景、消费习惯等存在差异,因此文化贸易政策需要具有一定的灵活性和差异性。通过制定差异化政策,可以更好地适应不同市场的需求,推动文化贸易的发展。

(1)针对不同国家和地区制定差异化政策

针对不同国家和地区的文化背景、消费习惯等差异,可以制定不同的文化贸易政策。例如,对于文化相近的国家和地区,可以加强文化交流与合作,推动文化产品的相互认可;对于文化差异较大的国家和地区,可以通过文化展示、宣传等活动,增进彼此的了解和信任,为文化贸易的发展奠定基础。

(2)加强对中小企业的支持

中小企业在文化贸易中占据重要地位,但由于资金、技术等方面的限制,往往难以在国际市场中立足。因此,贸易政策需要加强对中小企业的支持,如提供融资支持、技术援助、市场咨询等服务,帮助中小企业提高竞争力,拓展国际市场。

综上所述,贸易政策的优化与调整对于促进文化贸易的发展具有重要意义。通过降低市场准入壁垒、加强知识产权保护、制定差异化政策等措施,可以为文化贸易的发展提供更加有利的环境和条件,推动文化产业的繁荣发展。

(二)文化品牌的培育与推广

在当今全球化的时代背景下,文化品牌已经成为国家软实力的重要体现。一个成功的文化品牌不仅能够传递国家的核心价值观和文化特色,还能在国际市场上形成强大的竞争力和影响力。因此,在“一带一路”倡议的框架下,加强文化品牌的培育和推广显得尤为重要和迫切。

1.文化品牌的内涵与重要性

文化品牌是一个国家或地区在长期的文化实践中形成的,具有独特文化内涵和市场价值的标识。它通常包括特定的文化元素、符号、形象或理念等,能够引发消费者共鸣并产生持久的吸引力。在文化贸易中,文化品牌往往扮演着关键角色,它能够提升产品的附加值和市场竞争力,促进文化的传播和交流。

对于“一带一路”共建国家和地区来说,培育和推广文化品牌有助于增进彼此之间的了解和友谊,为经济合作奠定更加坚实的基础。同时,通过文化品牌的国际化推广,还可以进一步拓展国际市场,增加文化产品和服务的出口,推动文化产业的发展和创新。

2.培育文化品牌的策略

要成功培育一个文化品牌,需要采取一系列有效的策略。首先,要明确品牌定位和目标市场。根据目标市场的文化背景和消费习惯等因素,确定品牌的核心理念和价值主张,确保品牌与目标市场产生共鸣。其次,要注重品牌内容的创新和独特性。挖掘本地区的独特文化资源,结合现代审美趋势和市场需求进行创新设计,打造具有鲜明特色的文化品牌。最后,还要加强品牌形象的塑造和传播。通过包装设计、广告宣传、公关活动等多种手段,塑造出鲜明的品牌形象,并在目标市场中广泛传播,提高品牌的知名度和美誉度。

在“一带一路”的背景下,特别需要注重跨文化交流和合作。可以联合共建国家和地区的文化机构和企业共同开发文化品牌项目,实现资源共享和优势互补,推动文化品牌的国际化发展。同时,也要关注新兴市场和消费者的变化需求,及时调整和优化品牌战略,保持品牌的活力和市场竞争力。

3.文化品牌的推广途径

推广文化品牌需要多元化的渠道和平台支持。一方面,可以利用传统的线下渠道如展览展示、文化交流活动等,直接展示文化品牌的魅力和价值;另一方面,更要充分利用互联网和数字技术带来的线上推广机会。例如,运用社交媒体营销、内容营销等手段扩大品牌在年轻人群中的影响力和认知度。此外,还可以通过国际合作和联盟的方式共同推广文化品牌,借助合作伙伴的国际网络和市场资源快速拓展海外市场。

针对“一带一路”共建国家和地区的特点和需求,可以有针对性地开展品牌推广活动。比如，在重要节点城市举办文化展演、艺术交流等活动，与当地民众建立直接的互动关系；利用跨境电商平台和国际贸易通道便利条件，将文化产品推向更广阔的市场空间；加强与共建国家媒体机构的合作与交流，提升品牌在当地市场的曝光度和认可度。

4.文化品牌培育与推广的挑战与对策

在培育和推广文化品牌的过程中，可能会遇到诸多挑战。例如，文化差异和语言障碍可能导致品牌信息传递受阻；市场竞争激烈可能使得品牌推广难度加大；法律法规和政策环境的不同也可能给跨国品牌推广带来不确定性。为了应对这些挑战，需要制定灵活多变的对策和措施。

具体来说，可以通过加强跨文化沟通与合作来消除误解和障碍；通过市场调研和用户研究来了解市场需求和竞争格局，制定精准有效的市场推广策略；同时积极了解并利用各国相关法律法规和政策优惠条件，降低经营风险并提高运营效率。

综上所述，“一带一路”倡议为文化品牌的培育与推广提供了广阔的舞台和机遇。只有充分把握时代脉搏和市场趋势，不断创新和完善文化品牌建设体系，才能打造出具有国际影响力和竞争力的文化品牌，为推动文化产业发展和文化交流互鉴作出更大的贡献。

五、未来展望

（一）文化贸易的发展趋势

随着全球化和信息技术的飞速发展，文化贸易作为国际文化交流与贸易的重要组成部分，正展现出新的发展趋势。其中，数字化与网络化、多元化与个性化是两个尤为显著的趋势，对文化贸易的发展产生了深远的影响。

1.数字化与网络化趋势

数字化与网络化是文化贸易发展的重要驱动力。随着互联网和数字技术的快速发展，传统的文化产品和服务正在经历一场深刻的变革，从物理形态逐渐转向数字化形态，并借助网络平台实现全球范围内的快速传播和交易。

(1)数字内容产业的崛起

数字化和网络化使得文化产品可以更加便捷地以数字形态呈现,如电子书、网络电影、数字音乐、网络游戏等。这些数字内容产品具有制作成本低、传播速度快、受众范围广等特点,为文化贸易提供了新的增长点。同时,数字内容产业的发展也带动了相关产业如互联网、移动通信、云计算等的发展,形成了一个庞大的数字内容产业链。

(2)跨境电商平台的兴起

跨境电商平台为文化贸易提供了全新的交易模式。通过跨境电商平台,文化产品可以突破地域限制,实现全球范围内的在线展示、交易和支付。这种新型的交易模式不仅降低了文化产品的交易成本,提高了交易效率,还为消费者提供了更加便捷、丰富的购物体验。同时,跨境电商平台也促进了不同国家之间的文化交流与合作,推动了文化贸易的繁荣发展。

(3)数字技术的创新应用

数字技术的创新应用为文化贸易提供了更多的可能性。例如,虚拟现实(VR)、增强现实(AR)、人工智能(AI)等技术的应用,使得文化产品可以更加生动地展现其文化内涵和艺术魅力。这些技术的应用不仅丰富了文化产品的表现形式,还提高了文化产品的附加值和竞争力。同时,数字技术也为文化贸易的监管和维权提供了新的手段和方法,有助于保障文化市场的公平竞争和健康发展。

2. 多元化与个性化趋势

随着消费者需求的日益多元化和个性化,文化贸易也呈现出多元化与个性化的趋势。这一趋势要求文化贸易在内容、形式、渠道等方面不断创新,以满足不同消费者的需求。

(1)文化产品内容的多样化

文化产品内容的多样化是满足消费者多元化需求的基础。在文化贸易中,各国应根据自身的文化传统和资源优势,开发具有独特性和创新性的文化产品。这些文化产品可以涵盖电影、音乐、舞蹈、戏剧、美术等多个领域,以满足不同消费者的审美需求和文化需求。同时,各国还应加强文化交流与合作,引进和吸收其他国家的优秀文化成果,丰富本国文化产品的内容和形式。

(2)文化产品形式的个性化

在数字化和网络化的背景下，消费者对于文化产品的形式也提出了个性化的要求。他们希望文化产品能够根据自己的兴趣和喜好进行定制和选择。因此，文化贸易应注重开发具有个性化特点的文化产品形式，如定制化电影、私人音乐库、个性化艺术品等。这些个性化的文化产品能够更好地满足消费者的需求，提高消费者的满意度和忠诚度。

(3)文化产品渠道的多元化

随着数字化和网络化的发展，文化产品的传播渠道也日益多元化。除了传统的电影院、音乐厅、书店等渠道外，互联网、社交媒体、移动应用等新兴渠道也为文化产品的传播提供了更多的可能性。这些新兴渠道具有传播速度快、受众范围广、互动性强等特点，为文化贸易的发展提供了新的机遇。因此，文化贸易应注重利用这些新兴渠道进行文化产品的传播和推广，提高文化产品的知名度和影响力。

综上所述，数字化与网络化、多元化与个性化是文化贸易发展的重要趋势。面对这些趋势，各国应加强文化产业的创新和发展，提高文化产品的质量和竞争力；同时，还应加强国际合作与交流，共同推动文化贸易的繁荣发展。

(二)文化产业在对外文化传播中的新机遇

在全球化的背景下，文化产业作为国家的软实力的重要组成部分，其在对外文化传播中扮演着越来越重要的角色。随着国际交流的日益频繁和全球化的深入发展，文化产业不仅为各国带来了丰厚的经济效益，更成为展示国家形象、传播民族文化、促进国际交流的重要平台。在这个过程中，新兴产业和市场为中华文化产业提供了前所未有的发展机遇。

1.拓展新兴市场：发掘共建国家的新兴市场和文化需求

在全球化的浪潮下，传统的文化市场已经无法满足日益增长的文化需求。因此，寻找和开拓新的文化市场成为文化产业发展的必然选择。而“一带一路”倡议的提出，为中华文化产业走向国际市场提供了新的契机。

"一带一路"共建国家和地区拥有悠久的历史和丰富的文化底蕴,这为中国的文化产业提供了广阔的市场空间。通过深入了解这些国家和地区的文化特色和需求,我们可以有针对性地开发符合当地市场需求的文化产品和服务,从而满足不断增长的文化消费需求。

同时,"一带一路"建设也促进了中国与共建国家之间的文化交流与合作,增进了彼此的了解与友谊。这种文化的交流与融合,为中国的文化产业提供了更多的创新灵感和素材,有助于打造具有中国特色和国际影响力的文化品牌。

2.创新文化产品:结合"一带一路"倡议的文化特色

在新的历史条件下,要想在国际市场中占据一席之地,就必须不断创新,推出具有独特魅力和竞争力的文化产品。而"一带一路"倡议所蕴含的文化元素和内涵,无疑为我们提供了宝贵的资源。

首先,可以通过深入挖掘"一带一路"共建国家的传统文化资源,将这些资源融入我们的文化产品中,打造出既具有国际视野又富含本土特色的文化佳作。例如,在影视作品中融入共建国家的风土人情、历史故事等元素,不仅可以吸引观众的眼球,还可以加深他们对"一带一路"倡议的理解和认同。

其次,还可以利用现代科技手段对传统文化进行再创作和再加工,使其以更加新颖、生动的方式呈现出来。比如,利用虚拟现实(VR)技术打造沉浸式体验馆,让观众身临其境地感受不同国家的文化氛围;或者运用大数据和人工智能技术分析用户需求和行为习惯,以便更好地定制个性化的文化产品和服务。

通过这些方式,我们可以将"一带一路"倡议的精神实质和文化内涵以创新的形式展现给世界观众,提升我国文化产品的国际影响力和竞争力。

3.加强学术交流与文化推广

除了上述两个方面外,加强学术交流和对外文化推广也是推动文化产业发展的重要途径。

一方面,通过举办各类学术会议、研讨会等活动,可以促进国内外专家学者之间的交流与合作,共同研究探讨文化产业发展的问题和挑战。这不仅可以为我国文化产业的发展提供理论支持和智力支撑,还可以推动我国文化走向世界舞台的中心。

另一方面，对外文化推广也是至关重要的环节。我们应该充分利用各种渠道和平台，如海外文化节展、艺术展览、影视作品等，积极展示我国的优秀传统文化和现代文明成果。同时，还要加强与海外中华文化中心的联系与合作，共同推动中华文化的国际传播和交流互鉴。

综上所述，“一带一路”倡议为我国文化产业带来了巨大的发展机遇和空间。只要我们能够准确把握时代脉搏和市场趋势，深入挖掘共建国家的文化资源需求，不断创新文化产品和推广方式，就一定能够打造出具有国际竞争力和影响力的文化品牌，为推动中华文化走向世界作出更大的贡献。

在未来的发展中，我们还需要不断完善和优化文化产业政策体系，加大对文化产业创新的支持力度，激发市场主体活力，培育壮大文化产业人才队伍。只有这样，我们才能确保我国在激烈的国际竞争中立于不败之地，实现文化产业持续健康快速发展。

第三节 文化旅游与对外文化传播

一、文化旅游在文化传播中的作用

（一）文化旅游作为文化传播的桥梁

1. 文化旅游的定义与特点

文化旅游，作为一种特殊的旅游形式，旨在通过旅游活动来体验和了解不同地区的文化特色、历史传统和民俗风情。它不仅仅是对自然景观的欣赏，更是对人文历史、艺术文化、社会习俗等深层次的体验和探索。文化旅游具有以下几个显著的特点：

首先，文化旅游具有高度的文化性和知识性。它要求游客在旅行过程中不断学习和了解新的文化知识，通过参观博物馆、艺术展览、历史遗迹等，加深对不同文化的理解和尊重。

其次，文化旅游具有独特的体验性和互动性。与传统的观光旅游不同，文化旅游更强调游客的参与和体验。游客可以通过参与民俗活动、手工艺制作、当地文化表演等方式，亲身感受文化的魅力和活力。

最后，文化旅游具有显著的多样性和包容性。不同地区、不同民族、不同国家的文化各具特色，文化旅游正是通过展示这些不同的文化元素，让游客在旅行中领略到世界的多元和多彩。

2.文化旅游在文化交流中的作用

文化旅游在文化交流中扮演着至关重要的角色。首先，它是不同文化间相互了解和认知的桥梁。通过文化旅游，游客可以亲身感受和学习其他地区的文化，从而增进对不同文化的理解和尊重。同时，当地的文化也可以通过旅游这一平台向外传播，提高文化知名度和影响力。

其次，文化旅游可以促进文化融合和创新。在文化旅游的过程中，不同文化之间的交流和碰撞会产生新的文化元素和创意，推动文化的创新和发展。同时，文化旅游还可以促进文化产业的繁荣和发展，为当地经济注入新的活力。

最后，文化旅游还可以推动国际友好关系的建立和发展。通过文化旅游活动，不同国家和地区的人们可以更加深入地了解彼此的文化和价值观，增进相互之间的了解和友谊。这有助于消除误解和偏见，推动国际友好关系的建立和发展。

3.文化旅游如何促进文化多样性

文化旅游在促进文化多样性方面发挥着重要作用。首先，文化旅游通过展示不同地区的文化特色和历史传统，让游客领略到世界的多元和多彩。这有助于打破文化隔阂和偏见，促进不同文化之间的平等交流和对话。其次，文化旅游可以推动当地文化的传承和发展。在文化旅游的过程中，当地的文化特色和历史传统得到了更加广泛传播和认可，从而促进了当地文化的传承和发展。同时，游客的参与和体验也为当地文化注入了新的活力和创意。

此外，文化旅游还可以促进全球文化多样性的保护和传承。随着全球化的加速和文化交流的增多，许多地区的传统文化和民俗风情面临着消失和遗忘的危险。而文化旅游作为一种有效的传播和传承方式，可以让更多的人了解和关注这些传统文化和民俗风情，从而推动全球文化多样性的保护和传承。

为了充分发挥文化旅游在促进文化多样性方面的作用,我们需要采取一系列措施。首先,加强文化旅游的规划和建设,提高旅游产品的文化含量和品质。其次,加强文化旅游的宣传和推广,提高公众对文化旅游的认识和兴趣。同时,还需要加强对文化旅游从业人员的培训和教育,提高他们的专业素养和服务水平。最后,加强国际的文化交流和合作,推动不同文化之间的平等交流和对话,共同推动全球文化多样性的发展和繁荣。

综上所述,文化旅游作为文化传播的桥梁,在促进文化交流、推动文化融合和创新、建立国际友好关系以及保护全球文化多样性等方面发挥着重要作用。我们应该充分认识和利用文化旅游的这些作用,推动文化旅游的健康发展,为世界的文化多样性和人类文明的进步作出更大的贡献。

(二)文化旅游与文化遗产的保护

文化旅游与文化遗产的保护之间存在着密切的联系,它们相互影响、相互促进。以下将从文化旅游对文化遗产的推动作用、文化遗产保护在文化旅游中的重要性以及案例研究三个方面展开详细阐述。

1.文化旅游对文化遗产的推动作用

(1)提升文化遗产的知名度和影响力

文化旅游的发展为文化遗产提供了更广泛的传播渠道和展示平台。通过文化旅游活动,人们可以亲身感受到文化遗产的独特魅力和价值,进而提升对文化遗产的关注和认同。同时,文化遗产也成为吸引游客的重要因素,为当地经济发展注入新的活力。

(2)促进文化遗产的保护与修复

文化旅游的发展对文化遗产的保护与修复起到了积极的推动作用。一方面,旅游业的发展为文化遗产的保护提供了资金支持,使得更多的资金可以用于文化遗产的修复和维护。另一方面,旅游业的发展也提高了人们对文化遗产保护的意识,促使更多人参与到文化遗产保护的工作中来。

(3)传承和弘扬民族传统文化

文化旅游是传承和弘扬民族传统文化的重要途径。通过文化旅游活动,人们可以更加深入地了解民族传统文化的历史渊源、发展脉络和独特魅力,进而加深对民族传统文化的认同和尊重。同时,文化旅游也为民族传统文化的传承和弘扬提供了更广阔的空间和更丰富的形式。

2. 文化遗产保护在文化旅游中的重要性

(1)保障文化旅游的可持续发展

文化遗产是文化旅游的重要资源,保护好文化遗产才能确保文化旅游的可持续发展。如果文化遗产遭受破坏或损失,将严重影响文化旅游的吸引力和竞争力,进而影响当地经济的发展。因此,加强文化遗产保护是保障文化旅游可持续发展的必要条件。

(2)提高文化旅游的品质和内涵

文化遗产具有丰富的历史、文化和科学价值,是提升文化旅游品质和内涵的重要元素。保护好文化遗产,可以使游客在旅行中获得更丰富、更深入的文化体验,提高游客的满意度和忠诚度。同时,文化遗产的保护还可以促进当地文化产业的发展,推动文化旅游向更高层次、更高质量发展。

(3)弘扬民族精神,增强文化自信

文化遗产是民族精神的载体,是民族文化的重要组成部分。保护好文化遗产,可以弘扬民族精神,增强民族凝聚力和向心力。同时,通过文化旅游活动,可以让更多的人了解和认同自己的民族文化,增强文化自信和文化自觉。这对于维护国家文化安全、促进民族团结和社会稳定具有重要意义。

3. 案例研究:成功保护并推广的文化遗产项目

(1)故宫博物院

故宫博物院是中国最大的古代文化艺术博物馆之一,拥有丰富的文物和艺术品。近年来,故宫博物院通过举办各种展览、演出和文创产品开发等活动,成功地将文化遗产与现代文化相结合,吸引了大量游客前来参观和体验。同时,故宫博物院还积极开展文物保护和修复工作,确保文物的安全和完整。

(2)敦煌莫高窟

敦煌莫高窟是中国著名的佛教艺术宝库之一,拥有众多精美的壁画和雕塑。为了保护这一宝贵的文化遗产,敦煌研究院采取了一系列措施,如加强环境监测、控制游客数量、加强文物保护等。同时,敦煌研究院还积极推广敦煌文化,通过举办文化展览、出版书籍和制作纪录片等方式,让更多的人了解和认识敦煌文化。

(3)南京明孝陵

南京明孝陵是明朝开国皇帝朱元璋和马皇后的陵墓,也是中国古代帝王陵墓的杰出代表之一。为了保护这一重要的文化遗产,南京市采取了一系列措施,如加强文物保护、改善景区环境、提升服务质量等。同时,南京市还积极推广明孝陵文化,通过举办文化节庆活动、制作宣传品等方式,提高游客对明孝陵的认识和兴趣。这些措施不仅有效地保护了明孝陵这一重要的文化遗产,还促进了当地文化旅游的发展。

(三)文化旅游对国际形象塑造的贡献

文化旅游作为一种独特的交流方式,对国际形象的塑造起着不可忽视的作用。它不仅有助于传播国家的文化魅力,还能够增强国际社会对特定国家的认同感和好感度。以下将从文化旅游在国际形象塑造中的作用机制、如何通过文化旅游展现国家软实力两个方面进行详细阐述。

1.文化旅游在国际形象塑造中的作用机制

(1)文化传播与交流

文化旅游是一种有效的文化传播方式,它能够将一个国家的文化特色、历史传统、民俗风情等展示给国际游客。通过亲身体验和感受,国际游客能够更直观地了解一个国家的文化内涵和价值观念,从而加深对该国的认知和认同。同时,文化旅游也是一种双向的文化交流过程,不同文化之间的碰撞和融合能够促进文化的创新和发展,进一步丰富和完善国际形象。

(2)塑造国家品牌形象

文化旅游能够塑造一个国家独特的品牌形象。通过打造具有地方特色的文化旅游产品和服务,可以展示一个国家的文化魅力和创新能力,提高该国的国际知名度和美誉度。一个成功的文化旅游品牌能够吸引更多的国际游客前来参观和体验,进一步推动该国旅游业的繁荣和发展。

(3)增强国际友好关系

文化旅游能够促进不同国家之间的友好关系。通过参与文化旅游活动,国际游客能够结识来自不同国家和地区的人们,增进相互之间的了解和友谊。这种跨文化的交流和互动有助于消除误解和偏见,推动国际友好关系的建立和发展。同时,文化旅游还能够促进不同国家之间的经济合作和互利共赢,为国家的发展创造更多的机遇和空间。

2.如何通过文化旅游展现国家软实力

(1)挖掘和传承传统文化

传统文化是国家的文化根基和精神支柱,通过挖掘和传承传统文化可以展现一个国家的文化魅力和历史底蕴。在文化旅游的开发和推广中,应该注重将传统文化元素融入旅游产品和服务中,让游客在旅行中感受到传统文化的独特魅力和价值。

(2)创新文化旅游产品和服务

创新是展现国家软实力的关键之一。在文化旅游的开发和推广中,应该注重创新理念和方法,打造具有地方特色的文化旅游产品和服务。通过引入新技术、新元素和新模式,可以提高文化旅游的吸引力和竞争力,进一步展现国家的创新能力和创造力。

(3)加强国际文化交流与合作

加强国际文化交流与合作是展现国家软实力的重要途径之一。在文化旅游的开发和推广中,应该注重与国际社会进行广泛的交流与合作,学习借鉴其他国家的先进经验和做法,推动文化旅游的国际化发展。同时,还应该积极参与国际性的文化旅游活动和项目,扩大国家在国际上的影响力和话语权。

(四)文化旅游与跨文化交流

文化旅游不仅是人们寻求新奇体验和知识增长的方式,更是促进不同文化间相互理解和交流的重要桥梁。在全球化的大背景下,文化旅游中的跨文化交流现象日益显著,对文化认同和相互理解产生了深远的影响。以下将详细阐述文化旅游中的跨文化交流现象、跨文化交流对文化认同的影响,以及如何通过文化旅游增进不同文化间的相互理解。

1.文化旅游中的跨文化交流现象

(1)游客与目的地文化的互动

在文化旅游过程中,游客会接触到与自身文化截然不同的风俗习惯、价值观念、艺术形式等。这种接触不仅让游客有机会亲身体验和感受目的地文化的独特魅力,也促使他们与目的地文化进行深入的互动和交流。游客通过参与当地的文化活动、品尝当地美食、与当地人交流等方式,不断加深对目的地文化的理解和认同。

(2)文化差异的认知与适应

在文化旅游中,游客会面临各种文化差异的挑战。这些差异可能体现在语言、习俗、信仰、价值观等方面。为了顺利地进行旅游活动,游客需要不断地适应和认知这些文化差异。这种适应和认知的过程不仅让游客更加深入地了解目的地文化,也促使他们反思和审视自身的文化观念和价值观。

(3)文化融合与创新

在文化旅游中,不同文化之间的交流和融合是不可避免的。游客在接触和了解目的地文化的同时,也会将自己的文化观念和价值观带到旅游过程中。这种交流和融合有助于产生新的文化创新,丰富文化的多样性和包容性。例如,在国际旅游中,各种文化的饮食、艺术、建筑等元素相互借鉴和融合,形成了独特的文化景观和旅游产品。

2.跨文化交流对文化认同的影响

(1)增强文化认同感

通过跨文化交流,游客可以更加深入地了解目的地文化的历史、传统、价值观等方面。这种了解有助于游客对目的地文化产生认同感和归属感。同时,游客在旅游过程中也会将自身的文化观念和价值观与目的地文化进行对比和反思,从而更加清晰地认识自己的文化身份和文化价值。

(2)促进文化多样性认同

跨文化交流有助于游客认识到不同文化之间的差异和独特性,从而增强对不同文化的尊重和理解。在文化旅游中,游客可以接触到来自不同国家和地区的人们,了解他们的生活方式、习俗信仰等方面的差异。这种接触和交流有助于游客打破文化偏见和刻板印象,促进文化多样性的认同和尊重。

3.如何通过文化旅游增进不同文化间的相互理解

(1)推广跨文化旅游教育

在旅游教育中加强跨文化交流的内容,让游客在旅游前就具备一定的跨文化交流能力和意识。这包括学习目的地文化的基本知识、了解当地的风俗习惯、掌握基本的语言交流能力等。通过跨文化旅游教育,游客可以更加顺利地与目的地文化进行交流和互动。

(2)举办文化交流活动

在文化旅游中举办各种文化交流活动,如文化展览、音乐会、民俗表演等,让游客有机会亲身体验和感受不同文化的魅力。这些活动不仅可以为游客提供丰富多彩的旅游体验,也可以促进不同文化之间的交流和互动。

(3)倡导尊重和包容

在文化旅游中倡导尊重和包容的态度是增进不同文化间相互理解的关键。游客应该尊重目的地文化的传统和习俗,避免对当地文化造成不必要的冲击和破坏。同时,游客也应该保持开放和包容的心态,积极与当地人进行交流和互动,增进彼此之间的了解和友谊。

(4)加强国际合作与交流

国际合作与交流是增进不同文化间相互理解的重要途径。各国应该加强在文化旅游领域的合作与交流,共同推动文化旅游的发展和创新。通过国际合作与交流,各国可以分享在文化旅游方面的经验和做法,共同推动文化旅游的可持续发展。同时,国际合作与交流也有助于打破文化壁垒和偏见,促进不同文化之间的和谐共处和共同发展。

(五)文化旅游与经济发展

文化旅游作为现代旅游业的重要组成部分,不仅为人们提供了丰富的精神文化享受,更为地方经济发展注入了强大的动力。

1.文化旅游对地方经济的贡献

(1)直接经济收益

文化旅游的开展直接促进了旅游业的繁荣,为地方经济带来了可观的直接经济收益。游客在旅游目的地的消费,包括住宿、餐饮、交通、购物、娱乐等方面的支出,都是对当地经济的直接贡献。此外,文化旅游的发展还带动了相关产业的兴起,如旅游纪念品、手工艺品等特色产品的销售,进一步增加了地方经济的收入。

(2)就业机会的增加

文化旅游的发展为当地创造了大量的就业机会。随着游客数量的增加,旅游业对人才的需求也日益旺盛。从导游、酒店服务员、餐饮从业者到景区管理人员等,都需要大量的劳动力来支撑。同时,文化旅游的发展还带动了相关产业的就业增长,如交通、零售、娱乐等行业的就业机会也随之增加。这些就业机会的创造,不仅提高了当地居民的收入水平,也促进了社会的稳定和发展。

(3)税收收入的增加

文化旅游的发展为地方政府带来了可观的税收收入。旅游业作为服务业的重要组成部分,其税收贡献在地方经济中占据重要地位。随着文化旅游的繁荣,相关产业的税收收入也随之增加,为地方政府提供了更多的财政支持。这些税收收入可以用于公共项目的建设、教育医疗的改善以及基础设施的完善等方面,进一步推动地方经济的发展。

2.文化旅游与产业结构升级的关系

(1)促进产业结构多元化

文化旅游作为一个高附加值的产业,其发展有助于促进产业结构的多元化。传统的产业结构往往以农业、工业等产业为主导,而文化旅游的发展则为当地带来了新的经济增长点。通过发展文化旅游,当地可以在产业结构上实现多元化,减少对单一产业的依赖,提高经济的抗风险能力。

(2)推动服务业的发展

文化旅游的发展直接推动了服务业的繁荣。在文化旅游产业链中,服务业占据了重要地位。从旅游接待、交通运输到餐饮住宿等各个环节都需要服务业的支撑。因此,文化旅游的发展为当地服务业的发展提供了广阔的市场空间和发展机遇。

(3)提升产业附加值

文化旅游的发展有助于提升产业的附加值。通过挖掘和展示当地的文化资源，可以打造出具有地方特色的文化旅游产品和服务。这些产品和服务往往具有较高的附加值，能够为当地带来更大的经济效益。同时，文化旅游的发展还能够带动相关产业的创新和发展，进一步提高产业的附加值。

3. 案例分析：文化旅游如何带动地区经济发展

以意大利的佛罗伦萨为例，该城市拥有丰富的文化旅游资源，如文艺复兴时期的建筑、艺术品和文化遗产等。这些资源吸引了大量的游客前来参观和消费，为城市带来了巨大的旅游收入。同时，佛罗伦萨还注重将文化旅游资源与其他产业相结合，推动产业的融合发展。该城市将文化旅游与时尚产业相结合，打造出了独特的时尚文化旅游品牌。这种融合发展的模式不仅提升了产业的附加值和竞争力，也进一步推动了城市经济的繁荣和发展。

通过以上案例分析可以看出，文化旅游的发展对地区经济发展具有积极的推动作用。通过挖掘和展示当地的文化资源，打造具有地方特色的文化旅游产品和服务，可以吸引更多的游客前来参观和消费，为当地经济带来巨大的推动力。同时，文化旅游的发展还能够促进产业结构的升级和多元化发展，提高经济的抗风险能力和竞争力。因此，各地区应充分利用自身的文化旅游资源优势，加强文化旅游产业的发展规划和政策引导，推动文化旅游与经济的深度融合发展。

二、文化旅游的发展策略

在“一带一路”倡议背景下，文化旅游的发展策略显得尤为重要。这一倡议不仅促进了共建国家之间的经济合作与交流，更为文化交流与旅游业的繁荣提供了新的契机。为了充分利用这一机遇，各国需要共同制定和实施一系列的文化旅游发展策略。

（一）制定文化旅游发展规划

1. 评估文化旅游资源

首先，要对本国的文化旅游资源进行全面而深入的评估。这包括对本国历史文化遗产、民俗风情、自然风光等方面的资源进行深入挖掘和整理。

通过评估,我们可以了解自身在文化旅游资源方面的优势和不足,为后续的发展规划提供有力的依据。

同时,我们还要注重对其他国家和地区的文化资源进行评估。在“一带一路”框架下,共建国家和地区拥有丰富多彩的文化资源,这些资源为我们提供了广阔的合作伙伴和发展空间。通过与共建国家的合作和交流,我们可以更好地整合和利用这些文化资源,推动文化旅游的共同发展。

2. 设定文化旅游发展目标

在评估了文化旅游资源之后,我们需要根据自身的实际情况和市场需求,设定明确的文化旅游发展目标。这些目标应该具有可操作性和可衡量性,以便在实施过程中进行有效的监控和调整。

具体来说,我们可以设定一些短期目标和长期目标。短期目标可以包括提高文化旅游产品的知名度和美誉度、增加游客数量和收入等;长期目标则可以包括打造具有国际影响力的文化旅游品牌、提升本国文化的国际传播力等。

此外,我们还要注重将文化旅游发展与经济社会发展相结合,实现文化与旅游的良性互动。通过发展文化旅游,我们可以促进就业、增加税收、推动相关产业的发展,进而为经济社会发展注入新的活力。

3. 制定实施步骤和时间表

为了实现设定的文化旅游发展目标,我们需要制定详细的实施步骤和时间表。这些步骤应该包括具体的行动计划和工作任务,以便在实施过程中有条不紊地推进各项工作。

时间表则应该明确各项工作的起止时间和关键节点,以确保工作能够按时完成并取得预期效果。在制定实施步骤和时间表的过程中,我们还要注重与其他相关部门和机构的沟通协调,形成合力共同推进文化旅游事业的发展。

除了以上三个方面的内容外,我们还需要注意以下几点:

一是要注重创新。在发展文化旅游的过程中,我们要不断创新思路和方法,探索适合本国国情和文化特点的发展模式。例如,可以通过开发新型旅游产品、拓展新的旅游市场等方式来吸引更多游客的关注。

二是要加强宣传推广。有效的宣传推广是提高文化旅游产品知名度和美誉度的关键。我们可以通过各种渠道和方式进行宣传推广,如举办旅游推介会、开展文化交流活动、利用新媒体进行线上推广等。

三是要注重可持续发展。在发展文化旅游的过程中,我们不能以牺牲环境为代价来追求短期的经济利益。相反,我们应该坚持可持续发展的理念,注重保护生态环境和文化遗产,实现经济、社会和环境的协调发展。

因此,为了更好地把握这一机遇并应对挑战,各国需要共同制定并实施科学合理的文化旅游发展规划。只有这样,我们才能充分发挥出文化旅游资源的作用和价值,推动文化旅游事业的持续繁荣发展。

(二)打造特色文化旅游品牌

在“一带一路”倡议背景下,文化交流与旅游合作成为促进共建国家人民相互了解、增进友谊的重要桥梁。为了深化这一领域的合作与发展,各国纷纷致力于打造具有本国特色的文化旅游品牌。这不仅有助于提升国家文化软实力,还能推动相关产业的发展,为经济增长注入新的活力。

1.分析目标市场需求

在打造特色文化旅游品牌之前,首先要对目标市场进行深入的需求分析。这包括了解潜在游客的偏好、消费习惯以及出行动机等。通过市场调研和数据收集,我们可以发现,随着人们生活水平的提高和交通条件的改善,越来越多的游客渴望体验不同国家和地区的文化内涵和历史风情。因此,他们更倾向于选择那些能够提供独特文化体验和深度旅游的目的地。

针对这一目标市场需求,我们需要进一步细分市场,确定我们的目标客户群。例如,可以考虑针对不同年龄段、职业背景、收入水平以及出游方式等因素进行划分。这样能够更好地满足各类游客的需求,提高产品的针对性和吸引力。

2.挖掘文化旅游资源中的独特元素

在分析了目标市场需求后,接下来要做的就是深入挖掘本地区的文化旅游资源中的独特元素。这些元素可以包括历史遗迹、民俗风情、传统艺术、手工艺品等。通过深入研究和开发这些资源,我们可以打造出具有鲜明个性和地域特色的文化旅游产品。

以“一带一路”沿线的一些国家和地区为例，它们拥有丰富的历史文化遗产和独特的民族风情。比如，某些地区可能拥有古老的城堡、寺庙和博物馆等建筑；某些地区则可能以其独特的民间舞蹈、音乐和美食而闻名。这些都是吸引游客前来参观体验的重要因素。

为了更好地展示这些独特元素，我们需要加强宣传推广工作。可以通过制作精美的宣传资料、举办文化展览和演出活动等方式来提高知名度和美誉度。同时，还可以利用互联网和社交媒体等渠道进行广泛传播，吸引更多潜在游客的关注。

3.设计具有吸引力的文化旅游产品

在挖掘了文化旅游资源中的独特元素后，下一步就是将这些元素整合起来，设计出具有吸引力的文化旅游产品。这需要我们从游客的角度出发，考虑他们的需求和体验感受。通过创新产品设计和服务模式，我们可以提供更加多元化和个性化的旅游产品选择。

具体来说，可以设计一些包含历史文化元素的线路和活动，如古城遗址游、博物馆探秘之旅等。此外，还可以结合当地民俗风情和自然景观等元素来丰富产品线，如民俗体验游、生态旅游、探险旅游等。这些产品不仅能让游客领略到不同国家和地区的文化底蕴和历史风貌，还能让他们亲身参与其中，获得更加深刻的旅行体验。

在设计过程中，我们还需要注重产品的可持续性和环保性。这意味着在选择旅游景点和项目时，要充分考虑其对当地环境和社区的影响，避免过度开发和破坏生态环境。通过推广绿色旅游理念和实践经验，我们可以实现经济效益和环境效益的双赢局面。

综上所述，通过深入分析目标市场需求、挖掘文化旅游资源中的独特元素以及设计具有吸引力的文化旅游产品等措施，我们可以成功打造出具有本国特色的文化旅游品牌。这不仅有助于提升国家文化软实力和国际竞争力，还能促进相关产业的融合发展，为经济增长注入新的动力。

展望未来，随着“一带一路”建设的深入推进和共建国家合作的不断加强，相信会有越来越多富有创意和内涵的文化旅游产品涌现出来，满足不同游客群体的多样化需求。同时,也希望各国能够加强交流与合作,共同推动区域文化旅游市场的繁荣发展。

(三)加强文化旅游基础设施建设

在“一带一路”倡议背景下,加强文化旅游基础设施建设是至关重要的。这不仅有助于提升旅游目的地的接待能力,促进文化交流和旅游发展,还能为共建国家人民提供更加便捷和舒适的旅行体验。

首先,完善交通网络是加强文化旅游基础设施建设的核心环节。便捷的交通网络能够极大地缩短游客的出行时间,降低旅行成本,从而提高旅游目的地的可达性和吸引力。在“一带一路”共建国家,各国应共同推进交通基础设施建设,加强互联互通,形成高效、快捷的综合交通运输体系。这包括建设高速公路、铁路、航空和水路等多元化交通方式,实现各种交通方式的无缝衔接和协同运行。同时,还要注重提高交通设施的服务水平和管理效率,为游客提供安全、舒适、便捷的出行环境。

其次,提升旅游接待能力是加强文化旅游基础设施建设的重要方面。随着“一带一路”建设的深入推进,越来越多的国家和地区加入旅游合作中来。为了更好地满足游客的需求,各国需要不断提升自身的旅游接待能力。这包括加强酒店、餐饮、娱乐等旅游配套设施的建设,提高服务质量和水平。同时,还要注重培养专业的旅游人才,提升从业人员的专业素养和服务意识。通过打造一支高素质的旅游服务队伍,为游客提供更加优质、个性化的服务体验。

最后,打造文化旅游景区环境也是加强文化旅游基础设施建设不可忽视的一环。优美的景区环境能够吸引更多的游客前来游览,增强旅游目的地的竞争力和影响力。因此,各国应注重保护和开发本地区的文化资源,挖掘独特的文化内涵和历史价值。在此基础上,加强景区的基础设施建设和环境整治工作,提升景区的可进入性、可游览性以及舒适度。同时,还要注重推广和保护文化遗产,让游客在欣赏美景的同时也能感受到文化的魅力。

除了以上三个方面外,加强文化旅游基础设施建设还需要注重创新发展和合作共赢的理念。在“一带一路”倡议背景下,各国可以共同探索新的合作模式和发展路径，推动文化旅游产业的创新发展。

在实际操作过程中，各国应根据自身实际情况和需求制定科学合理的规划和实施方案。要注重发挥政府的主导作用和市场机制的调节作用，形成多元化的投资模式和运营机制。同时，还要加强与相关产业领域的融合与协同发展，形成产业链上下游的良性互动关系。只有这样，才能更好地推动“一带一路”沿线地区文化旅游基础设施建设的全面发展。

总之，通过完善交通网络、提升旅游接待能力以及打造文化旅游景区环境等措施的实施，将有助于提升旅游目的地的整体形象和竞争力，促进文化交流和旅游发展。同时，这也将为共建国家人民带来更加美好的旅行体验和回忆。

（四）提高文化旅游服务质量

在“一带一路”倡议背景下，提高文化旅游服务质量显得尤为重要。这不仅有助于提升旅游目的地的整体形象，还能促进文化交流和旅游发展，为共建国家人民带来更加优质的旅行体验。

首先，加强从业人员培训是提高文化旅游服务质量的关键环节。随着“一带一路”建设的深入推进，越来越多的国家和地区加入旅游合作中来，对于从业人员的专业素养和服务意识提出了更高的要求。因此，各国应重视从业人员的培训工作，建立完善的培训体系，定期组织各类培训课程和实践活动，提升他们的业务水平和综合素质。同时，还要注重培养从业人员的跨文化交流能力和外语水平，以便更好地服务于来自不同国家和地区的游客。

其次，制定服务标准与规范也是提高文化旅游服务质量的重要方面。在“一带一路”框架下，各国文化差异较大，旅游服务质量和水平也存在一定的差异。为了推动文化旅游的健康发展，各国应共同制定和完善相关服务标准和规范，明确旅游服务的各个环节和质量要求。这些标准和规范应具有可操作性和可衡量性，便于实施和监督。通过统一的服务标准和规范，可以确保游客在不同国家和地区都能享受到一致的高质量服务，提升所有“一带一路”共建国家文化旅游的口碑和影响力。

最后，实施游客满意度调查与反馈机制也是提高文化旅游服务质量的重要手段。游客的满意度直接反映了旅游服务的实际效果和价值，是评价和改进服务质量的重要依据。因此，各国应注重收集和分析游客的反馈意见，了解他们的需求和期望，及时发现和解决存在的问题。可以通过定期开展游客满意度调查活动、设立投诉渠道和处理机制等方式来实现这一目标。同时，还要注重将调查结果及时反馈给相关部门和从业人员，引导他们不断改进和提升服务质量。通过这种持续改进的方式，可以不断提升游客的满意度和忠诚度，为文化旅游产业的持续发展奠定坚实基础。

在提高文化旅游服务质量的过程中，还需要注意以下几个方面：

一是要注重创新发展和合作共赢的理念。在"一带一路"倡议背景下，各国应加强交流与合作，共同探索新的合作模式和发展路径。可以通过搭建合作平台、推广智慧旅游等方式来丰富旅游产品体系和提升旅游服务质量。同时，还要加强政策沟通和信息共享机制建设，为文化旅游产业的发展提供有力保障和支持。

二是要加强监管和评估工作。为了确保各项措施的有效实施和持续改进，各国应建立健全的监管机制和评估体系。可以对从业人员培训效果、服务标准和规范的执行情况以及游客满意度调查的结果进行评估和监督，及时发现问题并采取相应的改进措施。同时，还要加强对文化旅游市场的规范和引导，打击不法行为和维护市场秩序。

三是要关注游客体验和感受。除了传统的吃住行游购娱等方面外，游客对于文化体验和精神满足的需求也日益增长。因此，在制定相关政策和措施时，应更加注重游客的体验感受和满意度提升。可以通过深入挖掘当地文化资源、开发具有特色的文化产品等方式来满足游客的精神需求，增强他们对于目的地文化的认同感和归属感。

综上所述，为了提高文化旅游服务质量，各国应加强从业人员培训、制定服务标准与规范并实施游客满意度调查与反馈机制等措施。通过这些举措的实施，可以推动"一带一路"沿线地区文化旅游产业的持续健康发展，为共建国家人民带来更加美好的旅行体验和回忆。

（五）拓展文化旅游市场

在全球化背景下，"一带一路"倡议为我国与共建国家的经济合作与文化交流搭建了一个重要的平台。借助这一契机，我国文化旅游市场迎来了前所未有的发展机遇。为了进一步深化国际旅游合作、推广文化旅游线路与产品，以及利用新媒体与数字技术拓展营销渠道，我们需要从多个方面展开全面而深入的工作。

首先，加强国际旅游合作是拓展文化旅游市场的关键。这一合作不仅体现在政策沟通与互联互通上，更在于共同开发旅游资源、打造旅游产品品牌以及提升旅游服务质量等方面。通过与共建"一带一路"共建国家建立长期稳定的合作关系，我们可以实现资源共享、优势互补，推动双方旅游业共同发展。例如，针对一些新兴目的地国家，由于其旅游资源的新鲜感更强，对游客出游有更大的拉力作用，我们可以积极与其开展合作，推出更多具有特色的旅游产品。同时，随着交通基础设施的不断改善和签证政策的逐步简化，游客出游越发便利，这也为国际合作提供了有利条件。

其次，推广文化旅游线路与产品是拓展市场的核心。在"一带一路"框架下，各国拥有丰富多彩的文化资源和自然景观，这为推出多样化、个性化的旅游产品提供了广阔的空间。除了传统的观光跟团游外，我们还可以根据市场需求，设计历史文化探秘、康养及休闲度假、冒险及美食旅游等深度游产品。这些产品不仅能够满足游客多元化体验需求，还能促进文化交流与传承。为了更好地推广这些线路和产品，我们可以通过线上线下相结合的方式，如举办旅游推介会、发布旅游攻略等，提高产品的知名度和美誉度。

最后，利用新媒体与数字技术拓展营销渠道也是当前的重要任务之一。随着互联网和数字技术的快速发展，新媒体已经成为人们获取信息的重要途径。因此，我们需要充分利用微博、微信、抖音等新媒体平台，通过短视频、直播等形式展示"一带一路"共建国家的风土人情和旅游特色，吸引更多潜在游客的关注。同时，还可以运用大数据和人工智能技术，精准分析用户需求和行为习惯，实现个性化推荐和定制化服务。这样不仅可以提高营销效果，还能增强用户的黏性和忠诚度。

在具体实施过程中，我们还需要注意以下几点：

一是要注重文化交流和互鉴。文化是旅游的灵魂，只有深入了解并尊重彼此的文化差异和价值观念，才能设计出更符合市场需求的产品和服务。因此，在与共建国家进行合作时，应加强文化交流活动，增进相互理解和友谊。

二是要加强人才培养和团队建设。无论是产品设计还是营销推广，都需要专业的人才来支撑。因此，我们需要加大对旅游从业人员的培训力度，提高他们的专业素养和技能水平。同时，还要注重团队建设和协作能力的培养，形成一支高效、创新的团队。

三是要关注市场动态和需求变化。市场环境在不断变化，游客的需求也在不断更新升级。因此，我们要密切关注市场动态和需求变化，及时调整产品和营销策略。只有这样，才能在激烈的市场竞争中立于不败之地。

综上所述，为了抓住这一机遇并实现可持续发展，我们需要从加强国际旅游合作、推广文化旅游线路与产品以及利用新媒体与数字技术拓展营销渠道等多个方面入手，全面提升我国文化旅游产业的竞争力和影响力。

（六）保护与传承文化旅游资源

随着“一带一路”倡议的深入推进，文化旅游资源作为连接共建国家的重要纽带，其保护与传承的重要性日益凸显。在这一背景下，如何有效地保护与传承文化旅游资源，确保其在促进文化交流与旅游发展的同时，不受到损害和破坏，成为我们面临的重要课题。以下将从制定文化遗产保护政策、加强非物质文化遗产传承人的培养以及推广文化旅游中的可持续发展理念三个方面进行详细阐述。

1.制定文化遗产保护政策

文化遗产是文化旅游资源的重要组成部分，其保护与传承对于维护国家文化安全、促进文化多样性具有重要意义。在“一带一路”倡议背景下，各国应共同制定文化遗产保护政策，明确保护范围、保护措施和责任主体，确保文化遗产得到全面、有效保护。

首先，需要建立文化遗产保护名录，对具有历史、文化、科学价值的文化遗产进行认定和登记。通过名录的公布，可以提高公众对文化遗产的认知度和保护意识，促进社会各界共同参与文化遗产保护工作。

其次，要制定严格的保护措施和管理制度。对于已经认定的文化遗产，需要采取一系列保护措施，如加强监管、限制开发、设立保护标志等，确保文化遗产不受损害。同时，要建立健全的管理制度，明确各级政府和相关部门在文化遗产保护中的职责和权力，确保保护工作的顺利开展。

最后，还需要加强国际合作与交流。在“一带一路”框架下，各国应加强在文化遗产保护领域的合作与交流，共同研究制定保护政策和技术标准，分享保护经验和资源，推动文化遗产保护工作的国际化发展。

2.加强非物质文化遗产传承人的培养

非物质文化遗产是文化旅游资源中不可或缺的一部分，其传承人的培养对于保持非物质文化遗产的活力和传承具有重要意义。在“一带一路”倡议背景下，各国应加强对非物质文化遗产传承人的培养和支持，确保非物质文化遗产得到有效传承。

首先，要建立健全的传承人认定机制。通过制定认定标准和程序，对具有代表性、技艺精湛的非物质文化遗产传承人进行认定和授牌，提高他们的社会地位和荣誉感，激发他们传承非物质文化遗产的热情和动力。

其次，要加强传承人的培训和教育。通过组织各类培训和教育活动，提高传承人的文化素养、技艺水平和创新能力，使他们能够更好地传承和发展非物质文化遗产。同时，要鼓励传承人参与各类文化交流活动，拓宽他们的视野和知识面，促进非物质文化遗产的传承与创新。

最后，还需要加大对传承人的扶持力度。通过提供资金、场地、政策等方面的支持，帮助传承人解决传承过程中的困难和问题，确保非物质文化遗产得到有效传承。同时，要建立健全的传承人激励机制，对在非物质文化遗产传承中作出突出贡献的传承人给予表彰和奖励，激发他们的积极性和创造力。

3.推广文化旅游中的可持续发展理念

文化旅游的可持续发展是指在保护文化旅游资源的前提下，实现旅游业的长期、稳定、健康发展。在“一带一路”倡议背景下，各国应推广文化旅游的可持续发展理念，确保文化旅游资源得到有效利用和保护。

首先，要加强旅游规划和管理。在制定旅游规划时，要充分考虑文化旅游资源的保护和传承需求，合理布局旅游项目和设施，避免对文化旅游资源造成破坏。同时，要加大旅游管理力度，规范旅游市场秩序，确保游客的合法权益得到保障。

其次，要推广绿色旅游理念。在文化旅游过程中，要倡导低碳、环保、节能的旅游方式，减少对环境的影响和破坏。同时，要鼓励游客参与环保活动，提高他们的环保意识和责任感。

最后，还需要加强国际合作与交流。在“一带一路”框架下，各国应加强在文化旅游可持续发展领域的合作与交流，共同研究制定可持续发展战略和政策措施，推动文化旅游业的绿色、健康、可持续发展。

总之，在“一带一路”倡议背景下，保护与传承文化旅游资源是一项长期而艰巨的任务。通过制定文化遗产保护政策、加强非物质文化遗产传承人的培养以及推广文化旅游中的可持续发展理念等措施的实施，我们可以有效地保护和传承文化旅游资源，为“一带一路”共建国家的文化交流与旅游发展作出积极贡献。

（七）创新文化旅游体验方式

在“一带一路”倡议背景下，文化交流与旅游融合成为推动共建国家民心相通、促进共同发展的重要途径。为了满足游客日益多样化的需求，提升文化旅游的品质和影响力，必须不断创新文化旅游体验方式。、

1.利用科技手段提升游客体验

随着科技的飞速发展，各种新技术在文化旅游领域的应用越来越广泛。在“一带一路”背景下，各国可以共同探索和实践如何利用科技手段为游客提供更加便捷、丰富和个性化的体验。

首先，智能导游导览系统的应用极大地提升了游客的游览体验。通过集成人工智能、大数据等技术，智能导游系统能够实时为游客提供个性化的游览建议、语音讲解以及导航服务。这不仅使游客能够更好地了解景点的历史文化背景，还能为其规划出更加合理的游览路线。同时，借助移动支付

和电子商务技术,游客可以轻松实现线上购票、预订酒店和餐饮等服务,从而节省大量时间和精力。

其次,虚拟现实(VR)和增强现实(AR)技术的应用为文化旅游带来了全新的体验方式。通过戴上VR眼镜或AR设备,游客仿佛置身于一个虚拟的历史场景中,亲身感受古代文明的风采。这种沉浸式的体验方式让游客能够更加深入地了解和感受目的地的文化特色,增强了旅游的吸引力和趣味性。

最近,无人机技术的广泛应用也为文化旅游带来了新的发展机遇。无人机不仅能够拍摄高清航拍画面,展示景点的壮观全景,还可以通过搭载不同传感器来采集环境数据、分析游客行为等,为旅游管理和服务提供有力支持。

2. 开发互动性强的文化旅游产品

在“一带一路”的背景下,各国拥有丰富的历史文化和自然资源,这为开发互动性强的文化旅游产品提供了广阔的空间和机遇。

一方面,可以针对青少年和儿童市场推出互动式教育旅游产品。这类产品通常以历史故事、文化传承为主题,结合游戏、互动问答等元素,让孩子们在游玩的过程中学习到丰富的知识,培养他们的文化素养和审美能力。同时,通过互动式的方式呈现内容,也能够激发孩子们的兴趣和好奇心,提高他们的参与度和体验感。

另一方面,可以开发以社交互动为核心的文化旅游产品。在现代社会中,人们越来越重视与他人交流和分享的体验。因此,可以将社交元素融入文化旅游产品中,如组织文化沙龙、主题派对等活动,让游客在旅行中结识新朋友、分享旅行故事和感悟。这种方式不仅丰富了游客的旅行体验,还有助于增进彼此之间的了解和友谊。

3. 打造沉浸式文化旅游体验空间

为了进一步提升游客的文化旅游体验,还可以考虑打造沉浸式文化旅游体验空间。这种空间通常融合了多种技术手段和艺术表现形式,为游客打造一个全方位、多感官的文化体验场景。

例如,可以利用虚拟现实技术构建一个虚拟的历史古城或博物馆场馆,让游客在其中自由探索和交互。同时,通过声音、光线、温度等环境因素的调节,营造出逼真的氛围和环境效果,使游客仿佛身临其境地感受到目的地文化的魅力和氛围。

另外,还可以结合当地民俗表演、手工艺品制作等传统艺术形式,打造具有浓郁地域特色的沉浸式体验项目。这些项目不仅能让游客亲身体验传统文化的魅力,还能激发他们的创造力和想象力,留下深刻而难忘的回忆。

综上所述,“一带一路”倡议为文化旅游产业的创新发展提供了广阔的平台和机遇。在未来的发展中,我们应该充分利用科技手段和创新思维来推动文化旅游产业的转型升级和高质量发展。通过不断提升游客体验、开发互动性强的产品和打造沉浸式体验空间等措施的实施,我们可以更好地满足市场需求、促进文化交流与传播,并为推动构建人类命运共同体作出积极贡献。

(八)加强文化旅游安全管理

随着“一带一路”倡议的深入推进,文化旅游作为促进共建国家人文交流、经济合作的重要桥梁,其安全管理工作显得尤为重要。文化旅游安全不仅关乎游客的生命财产安全,更涉及国家形象和国际声誉。因此,加强文化旅游安全管理,对于确保文化旅游产业健康、可持续发展具有重要意义。以下将从建立完善的安全管理制度、加强旅游安全教育与培训、实施旅游安全风险评估与预警机制三个方面进行详细阐述。

1.建立完善的安全管理制度

建立完善的安全管理制度是加强文化旅游安全管理的基础。在“一带一路”倡议背景下,各国应共同制定和完善文化旅游安全管理制度,明确安全管理职责、流程和标准,确保文化旅游活动在安全可控的范围内进行。

首先,要建立健全的文化旅游安全管理组织体系。成立专门的文化旅游安全管理机构,负责统筹协调、监督指导文化旅游安全管理工作。同时,要明确各级政府和相关部门在文化旅游安全管理中的职责和权力,形成齐抓共管、协同作战的工作格局。

其次,要制定详细的文化旅游安全管理规定。针对文化旅游活动的特点，制定详细的安全管理规定，包括游客行为规范、景区安全管理、旅游交通安全管理等方面。同时，要加强与国际接轨，借鉴国际先进的安全管理经验和标准，提升我国文化旅游安全管理水平。

最后，还要建立健全的文化旅游安全应急预案。针对可能出现的各种安全事故，制定详细的应急预案，明确应急处置流程、救援措施和责任人。同时，要加强应急演练和培训，提高应急处置能力和水平。

2.加强旅游安全教育与培训

加强旅游安全教育与培训是提升游客安全意识、防范安全事故的重要措施。在“一带一路”倡议背景下，各国应共同加强旅游安全教育与培训，提高游客的安全意识和自我保护能力。

首先，要加强游客安全教育。通过各种渠道和形式，向游客宣传旅游安全知识、注意事项和应急处置方法。在景区、酒店、旅行社等场所设置安全提示牌、宣传栏等，提醒游客注意安全。同时，要加强与媒体的合作，通过新闻报道、专题节目等方式普及旅游安全知识。

其次，要加强旅游从业人员安全培训。对导游、领队、景区工作人员等旅游从业人员进行安全培训，提高他们的安全意识和应急处置能力。培训内容包括旅游安全法规、安全管理知识、应急救援技能等方面。同时，要定期组织考核和评估，确保培训效果。

最后，还要加强国际交流与合作。通过组织国际旅游安全论坛、研讨会等活动，加强与国际组织、共建国家的交流与合作，共同研究制定旅游安全标准和管理措施，推动全球旅游安全水平的提升。

3.实施旅游安全风险评估与预警机制

实施旅游安全风险评估与预警机制是预防和减少安全事故的关键环节。在“一带一路”倡议背景下，各国应共同加强旅游安全风险评估与预警机制建设，及时发现和应对潜在的安全风险。

首先，要建立旅游安全风险评估体系。对各类文化旅游活动进行全面的安全风险评估，识别和分析潜在的安全风险。根据评估结果制定相应的管理措施和预案，确保文化旅游活动的安全可控。

其次，要加强旅游安全预警机制建设。通过收集和分析旅游安全信息、数据等，及时发布旅游安全预警信息，提醒游客和相关部门注意防范安全风险。同时，要加强与气象、地质等部门的合作，共同构建旅游安全预警体系。

最后，还要加强旅游安全应急处置机制建设。针对可能发生的各种安全事故，制定相应的应急处置流程和措施。建立健全的应急响应机制和协调机制，确保在安全事故发生时能够及时有效地进行应急处置和救援工作。

总之，在“一带一路”倡议背景下，各国应共同加强文化旅游安全管理工作，建立完善的安全管理制度、加强旅游安全教育与培训、实施旅游安全风险评估与预警机制等措施，共同推动全球旅游安全水平的提升。

（九）建立健全文化旅游法律法规体系

随着“一带一路”倡议的深入实施，文化旅游作为推动共建国家人文交流、经济合作的重要桥梁，其法律法规体系的建立健全显得尤为重要。一个完善的法律法规体系不仅能够为文化旅游产业的健康、可持续发展提供有力保障，还能够有效规范市场行为，保护游客与旅游从业者的合法权益。以下将从完善文化旅游相关法律法规、加强文化旅游市场监管以及保护游客与旅游从业者的合法权益三个方面进行详细阐述。

1. 完善文化旅游相关法律法规

在“一带一路”倡议背景下，各国应共同推动文化旅游法律法规的完善，为文化旅游产业的繁荣发展奠定坚实的法律基础。

首先，各国应加强文化旅游法律的国际协调与合作。由于“一带一路”共建国家众多，各国之间的法律制度和标准存在差异，这给文化旅游产业的国际交流与合作带来了一定的挑战。因此，各国应加强法律领域的对话与合作，推动制定统一的国际文化旅游法律标准和规范，确保各国在文化旅游领域的合作能够顺利进行。

其次，各国应根据自身国情和文化旅游产业的实际情况，制定和完善与文化旅游相关的法律法规。这些法律法规应涵盖旅游资源的开发、利用与保护、旅游市场的规范与管理、旅游服务的质量与安全等方面，为文化旅游产业的各个环节提供明确的法律指引。

同时，各国还应注重法律法规的更新与完善。随着文化旅游产业的快速发展和市场环境的变化，相关法律法规也需要不断适应新的形势和需求。各国应密切关注市场动态和行业发展趋势，及时修订和完善相关法律法规，确保法律法规的时效性和有效性。

2.加强文化旅游市场监管

建立健全的文化旅游法律法规体系离不开有效的市场监管。各国应加大对文化旅游市场的监管力度，确保市场秩序的规范与稳定。

首先，各国应建立健全的市场准入制度，对文化旅游市场进行规范和管理。对于不符合规定的企业和个人，应严格限制其进入市场，防止非法经营和扰乱市场秩序的行为发生。同时，还应加大对文化旅游市场的日常监管和执法力度，及时查处违法违规行为，维护市场秩序和公平竞争。

其次，各国应推动文化旅游市场的信息化建设。通过建立文化旅游市场信息平台，实现市场信息的共享和公开透明，提高市场监管的效率和准确性。同时，还应加强对市场信息的分析和研究，及时发现和预警市场风险，为市场监管提供科学依据。

最后，各国还应加强行业自律和诚信体系建设。鼓励和支持文化旅游行业协会等组织的发展，推动行业自律和诚信体系建设。通过制定行业标准和规范、加强行业培训和交流等方式，提高行业整体素质和服务水平，促进文化旅游产业的健康发展。

3.保护游客与旅游从业者的合法权益

在建立健全的文化旅游法律法规体系中，保护游客与旅游从业者的合法权益是至关重要的。

首先，各国应制定和完善相关法律法规，明确游客和旅游从业者的权利和义务。对于游客而言，应保障其旅游过程中的安全、舒适和愉悦；对于旅游从业者而言，应保障其合法权益和合理收入。同时，还应建立健全的投诉处理机制，及时受理和解决游客和旅游从业者的投诉和纠纷。

其次，各国应加强旅游安全管理和服务质量监管。通过加强旅游设施的安全检查、完善旅游应急预案等措施，确保游客的人身和财产安全；通过加强旅游服务质量的监管和评估，提高旅游服务的质量和水平，满足游客的多元化需求。

最后，各国还应加强旅游消费者权益保护。通过加强旅游消费者权益宣传教育、完善旅游消费者权益保护机制等措施，提高游客的消费维权意识和能力；同时，还应加大对旅游市场的监管和执法力度，打击侵害消费者权益的违法违规行为。

总之，建立健全的文化旅游法律法规体系是保障文化旅游产业健康、可持续发展的关键举措。在“一带一路”倡议背景下，各国应共同推动文化旅游法律法规的完善和市场监管的加强，同时保护游客与旅游从业者的合法权益，为文化旅游产业的繁荣发展和国际合作与交流提供有力保障。

（十）加强文化旅游研究与国际交流

随着全球化的深入发展和中国对外开放的持续扩大，文化旅游作为促进国家间人文交流和经济合作的重要桥梁，其地位和作用日益凸显。在“一带一路”倡议的推动下，加强文化旅游研究与国际交流显得尤为重要和迫切。这不仅有助于增进共建国家人民之间的相互了解和友谊，还能为文化旅游产业的健康发展提供有力支撑。

1. 开展文化旅游领域的研究与探索

在一带共建“一带一路”的背景下，各国文化差异大，民俗各异，这既带来了挑战，也提供了机遇。为了更好地把握这一机遇，我们需要深入开展文化旅游领域的研究与探索。

首先，要深入研究共建国家的文化和旅游资源。通过对这些资源的深入挖掘和研究，我们可以更好地了解各国的文化特色和旅游吸引力，为推出更具吸引力的旅游产品提供基础。同时，还可以根据市场需求和旅游者的偏好，开发具有独特文化内涵的旅游线路和项目。

其次，要加强在文化旅游融合发展方面的研究。文旅融合是当前旅游业发展的重要趋势之一，通过文化与旅游的深度融合，可以推动旅游产业转型升级，提升旅游产品的文化附加值和市场竞争力。因此，我们需要加强对文旅融合的理论研究和实践探索，为推动文化和旅游产业的协同发展提供理论支持和实践指导。

最后，还要关注文化旅游在促进民心相通中的作用。民心相通是共建

“一带一路”的重要基础，而文化和旅游则是实现民心相通的重要途径之一。通过加强文化交流和旅游合作，可以促进不同国家人民之间的了解和互信，为推进国际合作奠定坚实的民意基础。

2.加强与国际旅游组织的合作与交流

为了进一步提升我国在国际旅游舞台上的影响力和话语权，我们需要积极加强与国际旅游组织的合作与交流。

一方面，可以参与国际旅游组织的活动和项目。通过参加各类国际会议、论坛等活动，我们可以与其他国家和地区的旅游业界人士进行面对面的交流和合作，共同探讨和解决旅游发展中遇到的问题和挑战。同时，还可以借助国际旅游组织的平台，展示我国的文化和旅游资源，推广我国的旅游产品，提高我国在国际旅游市场上的知名度和美誉度。

另一方面，要积极引进国际先进经验和技术。他山之石，可以攻玉。通过学习和借鉴国际上成功的经验和做法，我们可以少走弯路，加快推动我国文化旅游产业的发展。例如，可以学习先进的旅游管理理念和方法，提高我国旅游服务的质量和水平；可以引入先进的旅游科技创新成果，推动我国旅游产业的智能化、信息化发展等。

3.借鉴国际先进经验推动文化旅游发展

在加强与国际旅游组织合作的同时，我们还应注重从国际先进经验中汲取智慧和力量，以推动我国文化旅游产业的持续发展。

具体来说，可以从以下几个方面着手：一是学习国外在文化旅游产业规划和管理方面的成功经验，完善我国的相关政策和法规体系；二是借鉴国际上成熟的旅游市场营销策略和推广模式，提高我国旅游产品的市场竞争力；三是结合我国实际情况，创新性地运用国际先进理念和技术手段，推动我国文化旅游产业的创新发展。

综上所述，在“一带一路”倡议背景下加强文化旅游研究与国际交流具有重要的现实意义和深远的历史意义。我们应该充分发挥企业和市场主体的作用，积极开展文化旅游领域的研究和探索工作；加强与国内外相关机构和组织的合作与交流活动；不断总结经验教训并持续改进优化工作流程，为推动构建人类命运共同体贡献力量。

第六章 “一带一路”倡议背景下对外文化传播案例分析

第一节 “一带一路”倡议背景下我国体育文化对外传播的路径研究

如今我国已享有“世界工厂”的美誉,改革开放40余年,我国已经一跃成为世界第二大经济体,经济建设、文化建设成果丰硕。“一带一路”构想不仅要实现政治、经济领域的互通,还要通过文化交流促使各国民众在文化和意识形态上实现互通[①],这更加要求我们必须提高自己的文化软实力。随着我国政治经济地位的不断提升,人均GDP的稳步增长,逐步在各个领域实现了与世界各国的交流合作,我国的体育产业在近几年达到了前所未有的高度,未来的体育产业若想走得长远,必须着手于体育文化,深入研究,发扬光大。中华文化博大精深,体育文化作为中华文化的重要组成部分具有独特的社会价值。体育文化的繁荣能够使体育产品在国际市场更具竞争力,反之体育产品又能够弘扬本土体育文化。体育文化交流正是贸易畅通、民心相通的契合点,也是贯彻落实“一带一路”倡议,推进“文化强国”建设的需要,又是增强我国体育软实力,实现“体育强国”建设的必由之路。

一、“一带一路”倡议重拾我国体育文化传播的希望

(一)为我国体育文化传播创造环境

在当前国际政治局势多变、冲突频发的背景下,国与国之间的交流合作与互信变得尤为关键。针对这一形势,习近平总书记在2013年提出了“一带

---

①薛宏波,程文广:《“一带一路”倡议背景下我国民族传统体育文化国际交流研究》,《体育文化导刊》2019年第10期。

一路”倡议,并于2015年发布了相应的行动指南。这一重大举措显著促进了共建国家的交流与合作,有效缓解了冲突与危机,加深了国家间的理解与信任,同时也确保了共建国家政治经济的稳定与发展。

在体育领域,作为文化输出的重要一环,也承担着推动“一带一路”倡议的使命。自20世纪70年代起,我国便积极与各国开展体育交流活动,申办大型国际体育赛事。这些活动不仅为高水平运动项目的交流提供了平台,更促进了国家间的政治经济合作,增强了相互之间的信任。以2008年土耳其与亚美尼亚的“足球外交”为例,这一活动在双方长达一个世纪的历史恩怨中起到了桥梁作用,推动了关系的改善。同样,2019年篮球世界杯的举办,习近平主席与菲律宾总统共同见证了这一激动人心的时刻,这不仅进一步促进了中菲两国的人文交流,更向全球传递了和平外交的积极信号。通过这些体育交流活动,我们不仅可以欣赏到精彩的体育竞技,更能感受到体育在国际关系中所扮演的积极角色,为“一带一路”倡议的深入推进贡献力量。

(二)加速我国体育文化产业发展

自2008年北京奥运会圆满举办以来,我国不仅营造了浓厚的体育文化氛围,还激发了全民参与体育健身的热潮,并逐步形成了一种现代化的体育消费风尚。在国内体育市场蓬勃发展的同时,“一带一路”倡议的提出为我国体育文化的国际传播和消费市场开辟了新的空间,预示着我国体育产业将向更广阔的国际市场迈进。

体育产业,作为文化产业的重要组成部分,其核心在于文化。要实现体育产业的持续、健康、稳定发展,体育文化的支撑不可或缺。而“一带一路”倡议所带来的国际合作与交流,不仅促进了体育产业的发展,还拓宽了体育产业的消费市场,推动了我国体育产业的转型升级。这一进程让更多国家了解和认识中国的体育文化,为我国从体育大国向体育强国的转变注入了新的动力。

近年来,国家对体育的重视程度日益提升,通过各类体育传播项目,旨在提升公众对体育健康的关注,并推动体育文化的国际传播。例如,近年来热门的体育题材电影如《荣耀乒乓》《夺冠》等，不仅普及了体育知识，还成功地将中国体育文化推向了国际舞台。同时，我国的体育品牌如李宁、安踏等也在不断促进品牌升级和转型，结合中国传统文化和民族精神，通过“一带一路”倡议提供的交流平台，将中国传统体育品牌推向全球，掀起了“国潮”的热潮。

（三）体育文化交流平台的搭建

一个国家的文化影响力和其国际地位息息相关，文化产业在国民经济中的地位和贡献也日益凸显。因此，提升我国体育文化在国际上的影响力显得尤为重要。

“一带一路”倡议为我国提高体育文化影响力提供了宝贵的国际平台，使得不同文化在共建国家之间能够友好交流、共同发展、相互融合。而民心相通作为国与国友好交往的关键，其核心在于文化的相通和交流。自2017年国家发展改革委国际合作中心提出“‘一带一路’倡议背景下中国体育产业国际化研究”课题以来，我国国际体育交流合作日益频繁，实现了体育层面的民心相通。例如，前世界“棋后”谢军担任亚洲国际象棋联合会中国独立区主席一职，她认为国际象棋作为智力项目，在教育、文化传播、人文交流以及科学技术等多个领域都具有重要作用，特别是在“一带一路”建设和民心相通工程中，它可以成为促进大众交流的重要桥梁。

二、“一带一路”倡议背景下我国体育文化传播的挑战

在“一带一路”倡议的推动下，如何有效扩大互联网传播渠道，提升我国体育文化软实力，是当前面临的一大挑战。当前，我国体育文化在对外传播方面存在传播途径较为单一、互联网媒体建设相对滞后、新媒体技术开发不足等问题。传统的体育文化传播方式主要依赖于国家层面的友好交流活动，如体育对外援助、海外教学基地等。然而，这些方式在利用传统媒体时，由于其政治性、选择性和局限性，难以在国际主流媒体上产生显著影响，对国外受众的吸引力有限。

随着“一带一路”倡议的深入实施，体育文化全球化趋势加强，我国需要更加重视传统媒体与新媒体的结合，紧跟技术发展潮流和国际受众信息获

取习惯的变化,积极探索多元化的传播渠道。

三、“一带一路”倡议背景下体育文化传播的改进策略

(一)强化传统文化的传承与创新

为了实现传统体育文化的传承与创新,我们需要从“点”和“线”两个层面入手。在“点”上,我们应针对性地传承和发展传统体育项目,如结合现代元素,赋予龙舟、摔跤、舞龙舞狮等传统体育项目新的时代意义,采取批判性继承的方式,取其精华、去其糟粕,为其注入新的活力,并开拓更广阔的市场空间。在“线”上,我们应关注市场需求,结合“一带一路”倡议提供的国际市场机遇,开发适应各国文化特征和民族色彩的中国传统体育文化产业园,通过定期的宣传和比赛,拓宽市场,促进相关企业的协调发展。

(二)加强体育设施建设方面合作

在“一带一路”倡议背景下,体育基础设施建设合作是体育领域合作的重要方面。一些共建国家在体育基础设施方面存在不足,这制约了体育活动的普及。作为体育基础设施建设经验丰富的国家,我国可以发挥自身优势,为这些国家提供力所能及的帮助,通过基础设施建设合作,促进国家间体育文化、产业的交流与发展。

(三)互联网时代多源合流拓宽传播形式

在互联网时代,文化传播载体的建设对提升传播力至关重要。我国应充分利用互联网的优势,推动“互联网+体育”的发展,打造多样化的体育文化传播渠道。通过互联网平台,我们可以举办更多亲民、接地气的体育活动,如区域性马拉松、社区性小型球类比赛等,提高民众对体育的参与度和积极性。同时,通过“一带一路”倡议建立的互联网传播渠道,我们可以更好地向世界展示中国体育文化的魅力,输出具有中国特色的运动项目,提高国际社会对中国体育文化的认可度,从而增强我国的体育文化软实力。

“一带一路”倡议的提出再次推动了体育产业的转型升级,由过去的高速增长模式转变为平稳且外向型的发展模式,为我国体育文化的国际传播奠定了坚实基础。在体育文化传播的过程中,我们需要克服文化差异带来

的挑战,促进中华体育文化得到“一带一路”共建国家的广泛认同。这样的文化交流不仅能够加强各国之间的合作与联系,使人民之间的交流更加频繁,还能为全球经济的稳定发展贡献力量,为世界的和平与发展作出积极贡献。

第二节 “一带一路”视域下地方戏的跨文化传播困境及策略分析

近年来,伴随“文化热”“非遗热”的持续升温,地方戏及其传承发展越来越受到研究者的关注。学者们从文学、语言学、艺术学、民俗学、人类学等方面对地方戏的概念、形态特征、价值功能及发展对策等内容进行了广泛讨论,为地方戏的对外传播提供了有益的启发。

“一带一路”倡议的提出使中国与周边国家形成更为紧密的命运共同体,随着区域经济一体化的形成,中国与“一带一路”共建国家步入了政治、经济、文化合作的快车道。拓宽对外宣传途径,进一步深化与沿线各国的文化交流,塑造更大区域范围内以文化为纽带的共同体意识,是中国传统文化在新时期的重要发展方向。分析地方戏传承发展的社会文化机制,研究文化传播交流与社会发展的联系,能为破解文化“走出去”的瓶颈,为“一带一路,文化先行”“文化连接中国与世界”等战略提供文化视角。

一、“一带一路”视域下地方戏跨文化传播的理论分析

“一带一路”倡议的提出为地方戏的发展拓展了新的空间,更大区域内的跨文化戏剧比较研究及文化艺术交流等逐渐成为热点。在戏剧艺术史研究方面,有学者认为中印戏剧艺术对东南亚国家的戏剧艺术产生重要影响,但以往的戏剧艺术专业教育培养中却较少涉及邻邦的戏剧艺术了解与比较。不可否认的是,东南亚种类繁多的戏剧表演艺术能为“一带一路”倡议背景下与周边国家在教育层面的文化艺术类学术交流提供极大的便利。[①]在地方戏的跨区域传播与发展研究方面,有学者认为需要寻找合适传播模

①朱平洋:《“一带一路”增进我国与邻邦戏剧文化的相互了解》,《戏剧之家》2018年第19期。

式,致力文化交融;建立长效机制,依托海外华人和经济活动,进行文化交互;利用"营销"手段,实施分众传播、立体传播,打造中华品牌等。[①]也有学者提出,地方文化的发展需融入"一带一路"倡议,"走出去"的举措重点在培养专业传播人员、翻译文本及相关资料、培养海外受众、建立外语网络平台以及资金支持等方面,具体可以重视高等院校教育平台建设,培养地方戏传播人才;加强战略部署和顶层设计,建立官方文化交流平台;依托地方政府相关项目,制定交流合作专项计划;整合利用各种资源,发挥地方戏丝路传播的整体效应等方面展开。[②]综上所述,目前地方戏的跨文化比较及传播研究仍处于相对薄弱的阶段。在"一带一路"文化外交大势下,戏曲文艺的跨文化比较及其传播路径研究十分必要。因此,从戏剧的跨文化交流与传播等层面考察地方戏的传承创新机制具有一定的现实价值。

二、"一带一路"倡议背景下地方戏的发展轨迹及革新举措

中国地方戏历史久远,剧种丰富,包括越剧、豫剧、评剧、黄梅戏、昆曲、粤剧、秦腔、川剧、晋剧、

河北梆子等,多达360余种,剧目数以万计。并且,传统戏剧的历史发展形成了较为清晰的轨迹趋势:从早期的初具规模(大致集中在清代),经历了几十年发展后的渐趋成熟,到中华人民共和国成立后30年间的快速繁荣以及20世纪末的逐渐衰落,直至近年来的传承困境和发展危机,加上新时期革新转型的不断探索。目前,地方戏文化的发展受限成为不容忽视的现实问题,普遍出现了剧目匮乏、技艺失传、演出萧条、缺乏场所、民间活动减少、人才断档、特色消淡、资料散失等问题。

近年来,针对发展困境,各地的地方戏采取了一系列的革新举措,并取得了较为显著的成果,主要集中在地方戏资料资源的收集与保护、剧团等体制改革、精品剧目创作、惠民演出、社区传承与学校传承以及戏曲人才培养

①沈嘉达,沈思涵:《"一带一路"视域下的黄梅戏传播研究》,《黄冈师范学院学报》2018年第4期。

②王巧英,王似保:《"一带一路" 背景下黄梅戏海外传播研究》,《池州学院学报》2017年第1期。

等方面。有一部分影响力相对显著的地方戏还抓住“一带一路”的建设契机，拓展戏剧的跨文化交流合作，承接对外文化交流演出任务，承办文化展示推介活动，与国内外剧团合作演出等。[①]有学者提出从华人戏剧现象出发，在地缘临近、文化互动等背景下，寻找跨文化戏剧中的共同特质（如源于民间生活、取材于民间故事等民间性特质）及中国元素，形成民族戏剧的交流与共生，为地方戏的传播传承提供和谐共生的文化生态与新的生长空间。[②]因此，在“一带一路”倡议背景下，重视挖掘当地民族文化资源和文化心理认同基础；加强相关文化对比研究，积极寻找文化创新点；采取产业化、品牌化等发展策略，[③]对地方戏的跨文化传播与发展是一种有益的尝试。但整体而言，地方戏的跨文化传播仍处于初步尝试的阶段，需要构建更为成熟的传播机制。

三、地方戏跨文化传播的困境分析

作为中国传统文化的重要表现形式，传统戏剧的跨文化传播应该对造成传播困境的内部条件与外部环境进行合理评估与清晰定位，对不利因素进行深刻剖析，找到相对有效的途径和机制。目前，主要的不利因素与传播误区集中在以下方面。

其一，文化差异、政治差异背景下，戏剧艺术之间存在的原生性差异及语言障碍。中国传统戏剧多用方言演唱，曲调具有鲜明的地方性、民族性；在舞蹈、服装、动作等表达形式方面各有严格的规范要求，各种细节元素往往不易为“他者”所关注和理解；剧目内容多取材于地方的民间故事。如果缺乏足够的文化浸润，就难以欣赏与领略其美之所在。更为关键的是，戏剧作为一种声音艺术形式，在跨文化的传播过程中，高质量的翻译表达是其艺术表现需求与演出效果的重要保障，而目前这方面的人才严重缺失，剧本的

①龙倩，曹庆华：《广西民族民间文化发展研究报告》，《歌海》2018年第1期。

②黄玲：《东南亚与中国西南边疆民族戏剧的交流与共生》，《戏剧艺术》2010年第2期。

③杨绪明，赵莹，陈德银：《“一带一路”倡议背景下广西特色民族文化传播研究》，《北华大学学报（社会科学版）》2019年第2期。

翻译不符合受众地区的语言表达习惯,戏曲文化的传播能力也就不足。其二,从受众与文化传播效果等层面看,存在一定的认知误区。国外的中国戏曲受众以华侨和留学生为主,不能视为真正意义上的文化传播,外国受众观看中国戏曲演出还存在猎奇心理,对传播效果而言不具有积极意义。其三,文化外交能力不足,过分依赖官方为主的资助与组织,传播主体与路径相对单一,单向输出多,双向交流与反馈较少,且文化输出色彩过于浓厚,容易引起排斥。其四,传统戏剧文化资源开发能力不足,表演机制缺乏足够的稳定性。传统戏剧的文化资源开发、对外传播的内容选择与相关资源开发未能形成体系,而且尽管中国戏曲的对外传播活动逐渐增多,但实质上还没能形成规范稳定的常态表演机制,零散、临时的表演较为常见。其五,各国戏剧文化发展不平衡导致戏剧文化交流存在不对等现象,进而影响中国地方戏的文化输出。以中国东盟戏剧周中东盟国家的戏剧参演情况为例,各国的戏剧体系发展不够完整和独立,传统戏剧先后受到印度文化、中华文化、波斯文化及佛教、伊斯兰教等宗教文化的多重影响,但每一种文化都未能得到主流文化的认可,直接导致传统戏剧的发展得不到必要的重视和关注,没有形成相对完整的民族戏剧体系。东盟各国的现代戏剧主要受西方戏剧艺术观念的影响,因政治、经济的曲折发展,也没有形成具有独特民族性的戏剧艺术。[①]因此,东盟各国参加戏剧周活动及戏剧交流的热情不高,对其重视度也不够,在一定程度上影响了戏剧跨文化传播与交流的深度与广度。此外,不可忽视的是以美国为主的西方影视作品在全球文化市场上的吸引力与影响力,对于中国地方戏的对外传播是一个难以在短期内被消解的阻力。

四、地方戏跨文化传播的策略探讨

美国学者亨廷顿在对全球局势的分析中特别强调文化冲突的深层原因在于文化差异,而消除冲突的重要方式是不同文化之间跨越界限的尊重和承认,最终形成竞争性共处的局面。要想实现跨越界限的尊重和承认,可以

①何荣任:《新时代背景下中国—东盟戏剧交流与发展探析——以南宁市中国—东盟戏剧周为例》,《戏剧之家》2018年第16期。

通过找到文化间的相似之处来促进彼此的信任与合作,从而消除或削弱隔阂。因此,如何在文化多样性的差异格局下寻找相似点以实现跨文化传播,也是地方戏传承发展可以借鉴的重要视角。针对前文的困境分析,笔者对地方戏的对外传播与发展提出如下建议。

其一,加强跨文化戏剧的比较研究,增进文化认同。不同地域、族群之间的文化差异始终存在,不同戏剧形式的跨文化传播应该从受众的角度针对异质文化进行适当结合和修改。其二,甄选精品剧目进行“二次”创作与翻译,提升地方戏的文化表现力。从全球视野来看,任何一种文化形式的对外传播首先要在内容选择与资源开发方面形成相对稳定的考核标准,提升文化资源的开发能力。中国地方戏的剧种剧目浩繁,在对外传播过程中应该甄选一批最具文化积淀与历史影响力并与西方经典戏剧主题相契合的经典剧目,进行“精品化”再创作与翻译,在地方戏作品的包装和呈现等方面提升其文化表现力、影响力及竞争力。名剧的创作、改编、翻译必须具有“走出去”的品牌意识,进而显现出超越时空间隔的“普世价值”。如《梁山伯与祝英台》与《罗密欧与朱丽叶》主题相近、剧情相仿,如何通过不同的演绎方式将中华文化中的男女爱情、家族关系、权力与纷争等错综复杂的关系呈现出来,传递不同时代语境与文化背景下的精神价值以供受众解读与取用并引发共鸣。其三,整合边疆地区地方戏的跨文化传播优势,打造地方戏文化共同体。中国的陆疆省区数量较多,当地地方戏的发展可以有效利用地缘相近、人文相通等优势,在剧目选择、演出形式与语言选用等方面寻找共同的文化因子,打造地方戏文化共同体,利用跨境族群、华人华侨等在政治、经济、宗教、民俗等方面的互动完成文化传播。以广西为例,作为联结东南亚的重要门户,拥有多样的跨境民族文化,其中传统戏剧与曲艺有13项,在民族文化认同、文化传承与睦邻友好等方面有着天然优势。[①]政府、高校、文化教育机构等可结合跨境民族文化旅游,对地方戏开展理论探索与实证研究等方面的交流合作。在演出剧目创作、演出机制构建及戏剧传播传承等方

①陈炜,黄碧宁:《广西跨境民族文化旅游合作的驱动机制研究——基于“一带一路”背景》,《贵州民族研究》2019年第8期。

面重点发力,构建双方戏剧文化协同发展的合作机制。其四,构建多元化与常态化的演出交流机制。地方戏的发展在很大程度上是地方社会的文化责任,官方的资助与组织在现阶段确实不可或缺,但更需要激发不同领域、不同地方的合作意识与内部动力,需要采取多种方式相结合,政府作为隐性的主导力量应促进"展、会、节、演、赛"等活动的常态化。同样以广西为例,在"一带一路"倡议背景下,广西充分重视戏剧文化走进来,从2013年开始,每年举办中国东盟戏剧周,邀请越南、印度尼西亚、泰国、新加坡、马来西亚、菲律宾等国家的艺术团体,演出30多场戏剧,与中国—东盟博览会、中国—东盟文化论坛、中国—东盟音乐周、南宁国际民歌节、文化走亲东盟行等特色活动一起,戏剧展演与文化研究相结合,积极打造常态化的交流机制,通过文化共同体氛围的营造,增进东南亚各国之间的文化交流和民心相通,以文化沟通来消解偏见和障碍。但是,戏剧文化走出去的机制构建还存在不足,需要尽快从加强民间戏剧团体的交流演出、华人戏剧社团的帮扶发展、青少年群体间的戏剧交流、戏剧人才培养的合作交流、戏剧理论的对话交流等方面予以完善。

不可否认,地方戏的跨文化传播会遇到不同程度的文化排斥和冲突,但"一带一路"倡议的提出为其传播发展提供了可能性、便利性与必要性。只有对其现有优势与不足进行客观评估,并提出有针对性的系统构想,才能抓住机遇,拓展发展空间。戏剧文化是民族文化的重要组成部分,在"文化连接中国与世界"的过程中广泛开展民间戏剧的交流活动,是展示民族文化、传统文化的主要途径,也是增进民族感情的重要方式。政府搭台,文化唱戏,通过搭建良好的戏剧交流平台,充分利用区位优势和艺术特点,通过跨境演出、代表性剧目的二次创作及翻译转化、演出交流机制的多元化与常态化构建、现代传媒技术的合理利用等途径,挖掘传播潜能,扩大传播范围,强化传播效能。

第七章 “一带一路”倡议背景下对外文化传播体系的构建

第一节 加强文化交流与合作

一、深化文化交流机制

在“一带一路”倡议的推动下，深化文化交流机制对于加强共建国家的文化互信与合作具有重要意义。文化交流不仅有助于促进不同文明之间的对话与理解，还能够为各国经济社会发展提供精神动力和智力支持。

（一）建立定期交流机制

为了推动“一带一路”共建国家之间的文化交流，首先需要建立定期的交流机制。这种机制可以通过定期举办文化节、艺术展览、电影周等活动来实现。文化节是一个综合性的文化展示平台，可以集中展示各国的传统文化、现代艺术以及创新成果。艺术展览则专注于艺术品的展示与交流，可以促进艺术家之间的学习与互动。电影周则以电影为媒介，展现各国独特的故事与文化风情。

通过这些定期的文化交流活动，各国可以更加深入地了解彼此的文化传统、价值观念以及社会风貌。同时，这些活动还能够为共建国家提供一个展示自身文化魅力的舞台，增强文化自信心和自豪感。

（二）加强学术合作

学术合作是深化文化交流机制的重要方面。高校和研究机构是学术合作的主要力量，它们拥有丰富的研究资源和人才优势。通过加强高校和研究机构之间的合作关系，可以共同开展文化研究项目，推动学术成果的共享与交流。

在学术合作中，可以重点关注以下几个方面：一是共同研究“一带一路”共建国家的文化历史、发展现状以及未来趋势；二是探讨不同文化之间的共性与差异，促进文化多样性的发展；三是加强文化遗产保护与开发的研究，推动文化遗产的可持续利用。

通过学术合作，不仅可以促进各国之间的文化交流与理解，还能够为共建国家的经济社会发展提供智力支持。同时，学术合作还能够推动人才培养和科技创新，为“一带一路”建设提供人才保障和技术支撑。

（三）促进民间交流

民间交流是文化交流的重要组成部分，它具有广泛性和深入性的特点。在“一带一路”倡议背景下，促进民间交流具有重要意义。民间交流团体、艺术家、作家等是民间交流的主体力量，他们可以通过互访、演出、展览等形式开展文化交流活动。

为了促进民间交流，可以采取以下措施：一是加强民间交流团体的建设和管理，提高其组织化程度和专业化水平；二是鼓励艺术家、作家等开展互访活动，推动文化艺术的交流与合作；三是支持民间文化交流项目的开展，如文化演出、展览、论坛等。

通过民间交流，可以促进共建国家之间的友谊与合作，增进人民之间的相互了解和友谊。同时，民间交流还能够推动文化产业的发展和文化市场的繁荣，为共建国家的经济社会发展注入新的活力。

二、拓展文化交流领域

在全球化和信息化日益加深的当下，文化交流的重要性愈发凸显。文化交流不仅是国家间相互了解、增进友谊的桥梁，更是推动文化创新、促进经济发展的重要力量。在“一带一路”倡议背景下，拓展文化交流领域、深化文化合作，具有极其重要的战略意义。

（一）丰富文化交流内容

在保持传统文化交流的基础上，我们需要进一步拓展新兴文化领域的交流与合作。传统文化是一个民族的根和魂,它承载着一个民族的历史、文化和精神。因此,保持传统文化的交流与传承是不可或缺的。然而,与此同时,我们也应该看到,随着科技的进步和互联网的普及,数字文化、网络文化等新兴文化领域正在蓬勃发展,成为文化交流的新热点。

数字文化、网络文化等新兴文化领域具有传播速度快、覆盖范围广、互动性强等特点,能够为文化交流提供更多的可能性。我们可以通过建立数字文化平台、推广网络文化产品等方式,促进共建国家在新兴文化领域的交流与合作。例如,可以共同开发具有地方特色的网络游戏、数字动画等文化产品,让更多人了解和喜爱这些国家的文化。

此外,我们还可以通过举办数字文化节、网络文化论坛等活动,促进共建国家在数字文化、网络文化等领域的交流与合作。这些活动不仅可以展示各国在新兴文化领域的成果和创新,还可以为各国文化产业的合作与发展提供新的机遇。

(二)加强非物质文化遗产保护

非物质文化遗产是民族文化的瑰宝,它蕴含着民族的精神和智慧。在拓展文化交流领域的过程中,我们应该加强非物质文化遗产的保护与传承,促进共建国家非遗项目的合作与交流。

首先,我们应该建立健全非物质文化遗产保护机制,加强非遗项目的普查、认定和记录工作。通过制定相关政策和法规,明确非遗项目的保护责任和义务,确保非遗项目的传承与发展。

其次,我们应该加强非遗项目的传承与培训工作。通过组织非遗传承人培训、开展非遗项目传承活动等方式,提高非遗传承人的技艺水平和传承能力。同时,我们还可以邀请共建国家的非遗传承人来到中国或派遣中国的非遗传承人前往共建国家进行交流与学习,共同推动非遗项目的传承与发展。

最后,我们应该加强非遗项目的展示与推广工作。通过举办非遗展览、演出等活动,让更多人了解和认识非遗项目的价值和魅力。同时,我们还可以利用互联网等新媒体平台,将非遗项目的展示与推广延伸到更广泛的领域和更远的地区。

(三)促进文化产业合作

文化产业是国民经济的重要支柱之一,也是文化交流的重要载体。在拓展文化交流领域的过程中,我们应该鼓励文化产业领域的合作与交流,实现互利共赢。

首先,我们应该加强文化产业政策的沟通与协调。通过制定相关政策和法规,明确文化产业合作的方向和重点,为文化产业合作提供有力保障。

其次,我们应该加强文化产业项目的合作与开发。通过共同开发文化产品、打造文化品牌等方式,实现文化产业资源的共享和优化配置。同时,我们还可以鼓励企业间的合作与交流,推动文化产业领域的创新发展。

最后,我们应该加强文化产业市场的开放与合作。通过举办文化产业博览会、文化贸易洽谈会等活动,推动文化产业市场的开放与合作。同时,我们还可以利用互联网等新媒体平台,拓展文化产业市场的销售渠道和宣传渠道,为文化产业的发展提供新的机遇。

第二节 优化文化传播策略

一、创新文化传播方式

在全球化与信息化交织的当今时代,文化传播的方式与手段正经历着前所未有的变革。传统的文化传播方式虽然有着深厚的文化底蕴和历史价值,但在新媒体的冲击下,其传播效率和影响力已逐渐减弱。因此,创新文化传播方式,以适应新时代的发展需求,成为推动文化交流与发展的重要途径。

(一)利用新媒体传播

新媒体的崛起为文化传播提供了全新的平台。互联网、社交媒体等新媒体平台具有传播速度快、覆盖面广、互动性强等特点,能够迅速将文化信息传递给更广泛的受众。利用新媒体进行文化传播,不仅可以突破地域限制,实现全球范围内的即时传播,还可以通过互动功能,增强受众的参与感和体验感。

首先,我们应该积极搭建和运营文化类新媒体平台。通过建立官方网站、社交媒体账号等,定期发布文化资讯、活动信息、文化产品等,吸引受众的关注和参与。同时,还可以利用新媒体平台开展文化互动活动,如在线问答、文化体验等,增强受众的参与感和归属感。

其次,我们应该加强新媒体内容的创新。新媒体平台上的内容应该具有地方特色和时代感,能够吸引受众的眼球。我们可以结合当地的自然风光、历史文化、民俗风情等元素,开发具有地方特色的文化产品,如地方音乐、舞蹈、电影等。这些产品不仅可以通过新媒体平台进行传播,还可以成为文化交流的重要载体。

最后,我们应该注重新媒体传播的效果评估。通过对传播数据的分析,了解受众的喜好和需求,及时调整传播策略和内容,提高传播效果。同时,还可以利用新媒体平台的互动功能,收集受众的反馈和建议,为文化传播的改进提供有力支持。

(二)创新文化内容形式

文化内容形式的创新是吸引受众的关键。传统的文化内容形式虽然有着深厚的文化底蕴和历史价值,但在新时代背景下,其吸引力已逐渐减弱。因此,我们应该在保持传统文化精髓的基础上,结合现代审美和市场需求,开发具有创新性的文化内容形式。

首先,我们可以从文化元素中提取出具有现代审美价值的元素,将其与现代艺术形式相结合,创作出具有地方特色的文化产品。例如,将传统音乐与现代音乐元素相结合,创作出具有地方特色的流行音乐;将传统舞蹈与现代舞蹈元素相结合,创作出具有地方特色的现代舞作品等。

其次,我们可以利用现代科技手段对传统文化进行数字化处理和创新。例如,利用虚拟现实技术重现历史场景和文化景观;利用增强现实技术将传统文化元素融入现代生活中;利用人工智能技术创作具有地方特色的虚拟角色和故事等。这些创新性的文化内容形式不仅可以吸引受众的眼球,还可以为传统文化的传承与发展提供新的思路和途径。

（三）推动文化融合创新

文化融合创新是推动文化交流与发展的重要动力。在保持文化多样性的基础上，推动不同文化之间的融合与创新，可以形成新的文化形态和文化产品，为文化交流与发展注入新的活力。

首先，我们应该加强不同文化之间的交流与对话。通过举办文化节、文化论坛等活动，邀请不同国家的文化代表进行交流与对话，增进彼此之间的了解和友谊。同时，还可以加强学术研究领域的合作与交流，共同推动文化研究的深入发展。

其次，我们应该鼓励文化产业的跨界融合与创新。通过整合不同领域的资源和优势，开发具有创新性的文化产品和服务。例如，可以将传统文化元素与现代时尚元素相结合，开发出具有地方特色的时尚产品；将传统手工艺与现代设计理念相结合，开发出具有地方特色的手工艺品等。这些跨界融合的文化产品和服务不仅可以满足市场需求，还可以为文化产业的创新发展提供新的思路和途径。

最后，我们应该注重文化融合创新的成果展示与推广。通过举办文化展览、演出等活动，展示不同文化之间的融合与创新成果，吸引更多人关注和参与文化交流与发展。同时，还可以利用新媒体等渠道进行广泛宣传和推广，提高文化融合创新的知名度和影响力。

二、扩大文化传播影响力

在全球化的大背景下，文化传播的影响力对于一个国家的软实力构建和国际形象塑造起着至关重要的作用。为了扩大文化传播的影响力，我们需要从多个层面入手，包括加强国际传播能力建设、推广中国优秀文化，以及鼓励民间力量参与。

（一）加强国际传播能力建设

要加强国际传播能力建设，首先必须提升我国在国际文化舞台上的话语权。这需要我们构建具有国际影响力的媒体和文化机构，通过它们的声音来传递中国的文化价值观和发展理念。主流媒体作为文化传播的重要渠道，应该积极拓展海外市场，提高报道的国际化水平，用国际化的语言和视角来讲述中国故事，从而增强中华文化的吸引力。

此外，我们还应加强与国际知名媒体的合作，通过合作拍片、联合报道等形式，借助其平台和资源来扩大中华文化的影响力。同时，也要注重培养具有国际视野和跨文化传播能力的媒体人才，他们将是提升我国国际传播能力的重要力量。

除了媒体渠道，文化机构如博物馆、图书馆、艺术馆等也应在国际文化传播中发挥更大作用。这些机构可以通过举办海外展览、文化交流活动等，直接向海外受众展示中国的文化瑰宝和艺术成就。

（二）推广中国优秀文化

推广中国优秀文化是扩大文化传播影响力的核心内容。中国拥有悠久的历史和灿烂的文化，既有深厚的传统文化底蕴，也有丰富的现代文化成果。我们应该积极挖掘这些文化资源，通过多种形式将其推向世界。

对于传统文化，我们可以通过举办海外中华文化节、文化展览、艺术表演等活动，让更多的人亲身体验到中华文化的魅力。同时，也可以利用现代科技手段，如数字化、虚拟现实等，将传统文化以更直观、更互动的方式展现出来，吸引更多年轻受众的关注。

对于现代文化成果，我们应该注重推广中国的影视作品、音乐作品、文学作品等，让海外观众通过这些作品了解中国的社会发展和人民生活。此外，还可以加强与国际文化市场的合作，推动中国优秀文化产品走向世界。

在推广中华文化的过程中，我们还应注重文化的多样性和包容性，尊重不同国家和地区的文化差异，以开放、包容的态度进行文化交流。

（三）鼓励民间力量参与

民间力量是文化传播的重要补充。鼓励民间文化机构、企业等参与文化传播活动，可以形成多元化的文化传播格局，丰富文化传播的内容和形式。

政府应该为民间文化传播提供政策支持和资金扶持，降低其参与门槛。同时，也可以建立民间文化交流平台，促进民间文化机构之间的合作与交流。通过这些措施,可以激发民间力量参与文化传播的热情和创造力,推动中华文化以更加多元、生动的方式走向世界。

总之,扩大文化传播影响力是一个长期而复杂的过程,需要政府、媒体、文化机构和民间力量的共同努力。通过加强国际传播能力建设、推广中国优秀文化和鼓励民间力量参与,我们可以让更多的人了解和喜爱中华文化,从而提升中国的国际形象和软实力。

第三节 加强文化产业与贸易的发展

在全球化与信息化的浪潮下,文化产业已成为国家软实力的重要组成部分,对于提升国家形象、促进经济发展具有不可替代的作用。因此,加强文化产业与贸易的发展,培育文化产业品牌,对于提升中华文化产业的国际竞争力、推动文化产业的高质量发展具有重要意义。

一、培育文化产业品牌

(一)支持文化企业创新发展

文化企业的创新发展是文化产业品牌培育的基石。为了支持文化企业创新发展,政府应出台一系列政策措施,如税收优惠、资金支持、人才培养等,以激发文化企业的创新活力和创造力。同时,还应加强知识产权保护,为文化企业的创新成果提供法律保障。

在鼓励文化企业加大创新投入方面,政府可以设立文化产业创新基金,引导社会资本投入文化产业创新领域。此外,还可以鼓励文化企业与高校、科研机构等开展产学研合作,共同研发具有自主知识产权的文化产品和技术。

通过支持文化企业创新发展,可以推动文化产业向高端化、品牌化、特色化方向发展,提高文化产品的质量和竞争力,为文化产业品牌的培育奠定坚实基础。

(二)打造具有国际影响力的文化品牌

具有国际影响力的文化品牌是文化产业发展的重要标志。为了打造具有国际影响力的文化品牌,我们需要从以下几个方面入手:

首先,要深入挖掘中华文化的精髓和特色,将其与现代审美和市场需求相结合,打造出具有鲜明中国特色和时代特征的文化品牌。这些品牌应该能够代表中国的文化形象和文化软实力,具有广泛的国际影响力和市场竞争力。

其次,要推动文化品牌与国际市场接轨。我们可以通过参加国际文化展览、举办国际文化交流活动等方式,将中华文化品牌推向国际市场。同时,还要加强与国际知名文化品牌的合作与交流,学习借鉴其成功经验和管理模式,提升中华文化品牌的国际竞争力。

最后,要加强文化品牌的宣传推广。我们可以利用新媒体、互联网等渠道,加大对文化品牌的宣传力度,提高其在国内外市场的知名度和美誉度。同时,还可以组织文化品牌推介活动、开展文化品牌宣传周等活动,进一步推动文化品牌的传播和推广。

(三)加强文化产业集聚区建设

文化产业集聚区是文化产业发展的重要载体。通过加强文化产业集聚区建设,可以形成文化产业的规模效应和集聚效应,提高文化产业的整体竞争力。

为了加强文化产业集聚区建设,我们可以从以下几个方面入手:

首先,要科学规划文化产业集聚区的发展布局。根据当地的文化资源、产业基础和市场需求等因素,合理规划文化产业集聚区的发展规模、产业结构和空间布局。

其次,要加强文化产业集聚区的基础设施建设。包括完善交通网络、建设文化产业园区、提供公共服务设施等,为文化产业集聚区的发展提供有力支持。

最后,要优化文化产业集聚区的政策环境。通过出台优惠政策、提供资金支持等措施,吸引更多的文化企业和项目入驻文化产业集聚区。同时,还要加强文化产业集聚区的管理和服务水平,提高入驻企业和项目的满意度和忠诚度。

总之,加强文化产业与贸易的发展、培育文化产业品牌是一个长期而复杂的过程。通过支持文化企业创新发展、打造具有国际影响力的文化品牌以及加强文化产业集聚区建设等措施的实施，我们可以推动中华文化产业的高质量发展、提升中华文化产业的国际竞争力。

二、促进文化贸易平衡发展

在全球化的今天，文化贸易作为国家间文化交流与合作的重要方式，对于增进不同国家之间的理解和友谊、推动经济发展具有重要作用。然而，当前文化贸易不平衡的问题依然存在，为了促进文化贸易的平衡发展，我们需要从以下几个方面入手。

（一）优化文化贸易结构

当前，我国文化贸易主要集中在传统的文化产品出口上，如图书、音像制品等。然而，这些传统产品的附加值相对较低，技术含量也不高，难以在国际市场上形成竞争力。因此，优化文化贸易结构，推动文化贸易向高附加值、高技术含量领域发展，是提高文化贸易质量和效益的关键。

首先，我们应该加大对文化创意产业的扶持力度，鼓励文化企业开发具有自主知识产权的创意产品，如动漫、游戏、数字音乐等。这些创意产品不仅具有较高的附加值，而且能够满足现代消费者的多元化需求，具有广阔的市场前景。

其次，我们应该注重文化服务贸易的发展。文化服务贸易包括版权贸易、文化演出、艺术展览等，这些服务贸易不仅能够带动文化产品的出口，还能够提高我国文化产业的国际竞争力。因此，我们应该加强文化服务贸易的推广和宣传，提高其在国际市场上的知名度和美誉度。

最后，我们还应该加强文化贸易的多元化发展。除了传统的图书、音像制品等文化产品外，我们还可以开发具有地方特色的文化产品，如手工艺品、民俗表演等，以满足不同国家和地区消费者的需求。

（二）加强文化贸易合作

加强文化贸易合作是促进文化贸易平衡发展的重要途径。通过加强与其他国家的文化贸易合作，我们可以共同推动文化贸易的繁荣发展，实现互利共赢。

首先,我们应该积极参与国际文化贸易组织和活动,如世界贸易组织、联合国教科文组织等,了解国际文化贸易的规则和趋势,为我国的文化贸易发展提供指导和支持。

其次,我们应该加强与其他国家的文化交流与合作,推动文化贸易的深入发展。通过与共建国家的文化贸易合作,我们可以共同开发文化市场,推动文化产品的出口和进口,实现文化贸易的互利共赢。

最后,我们还应该加强与其他国家的文化人才培养与交流,培养具有国际视野和跨文化交流能力的文化贸易人才,为文化贸易的发展提供有力的人才保障。

(三)完善文化贸易政策

制定和完善文化贸易政策是促进文化贸易平衡发展的重要保障。为了推动文化贸易的繁荣发展,我们需要制定一系列政策措施,为文化贸易的发展提供有力保障。

首先,我们应该加强文化贸易的法律法规建设,完善文化贸易的法律法规体系,为文化贸易的发展提供法律保障。

其次,我们应该加大对文化贸易的财政支持和税收优惠力度,降低文化企业的税负和运营成本,提高文化企业的竞争力和创新能力。

最后,我们还应该加强文化贸易的监管和服务工作,建立健全的文化贸易监管机制和服务体系,为文化企业提供全方位的服务和支持。

总之,促进文化贸易平衡发展需要我们从优化文化贸易结构、加强文化贸易合作、完善文化贸易政策等多个方面入手。通过这些措施的实施,我们可以推动文化贸易的繁荣发展,提高我国文化产业的国际竞争力,为国家的经济发展和文化繁荣作出更大的贡献。

第四节 构建风险防控机制

在全球化的背景下,文化交流和贸易的日益频繁也带来了诸多风险和挑战。为了保障国家文化安全和文化产业的健康发展,我们必须构建一个健全的风险防控机制。在这一机制中,加强风险预警与监测是至关重要的一环。以下将详细阐述加强风险预警与监测的两个关键方面:建立风险预警系统和加强信息收集与分析。

一、加强风险预警与监测

风险预警系统是对可能出现的文化安全风险进行及时预警和评估的重要工具。为了构建一个高效、准确的风险预警系统,我们需要从以下几个方面入手:

(一)明确风险预警目标

首先,我们需要明确风险预警的目标。这包括确定需要预警的文化安全风险类型、范围、程度等,以及设定相应的预警指标和阈值。通过明确目标,我们可以确保风险预警系统能够精准地识别和评估潜在风险。

(二)构建风险预警模型

在明确目标的基础上,我们需要构建风险预警模型。这包括运用统计学、数据挖掘等方法,对历史数据进行分析和挖掘,找出文化安全风险发生的规律和特征。通过构建模型,我们可以对潜在风险进行量化评估,提高预警的准确性和可靠性。

(三)建立风险预警平台

为了实现风险预警的实时性和高效性,我们需要建立一个统一的风险预警平台。该平台应该具备数据收集、处理、分析、预警等功能,能够实现对各类文化安全风险的实时监控和预警。同时,平台还应该支持多部门、多领域之间的信息共享和协同工作,提高风险防控的整体效能。

(四)加强预警人员培训

风险预警系统需要专业的预警人员来操作和维护。因此,我们需要加强预警人员的培训和教育,提高他们的风险意识、专业素养和操作技能。通过培训,我们可以确保预警人员能够熟练掌握风险预警系统的使用方法和操作流程,提高预警的准确性和及时性。

二、完善应急处理与危机管理机制

信息收集与分析是风险预警的基础和前提。为了加强信息收集与分析工作，我们需要从以下几个方面入手：

（一）拓宽信息收集渠道

我们需要拓宽信息收集渠道，通过多种途径获取共建国家的文化动态、政策走向等信息。这包括关注国际文化动态、参加国际文化交流活动、与共建国家文化机构建立合作关系等。通过拓宽渠道，我们可以获取更全面、更准确的信息，为风险预警提供有力支持。

（二）加强信息筛选与整理

在收集到大量信息后，我们需要对信息进行筛选和整理。这包括剔除无效信息、重复信息等，对有价值的信息进行分类、归纳和整理。通过筛选和整理，我们可以提高信息的利用效率，为风险预警提供更加精准、全面的信息支持。

（三）深化信息分析与挖掘

在整理好信息后，我们需要对信息进行深入分析和挖掘。这包括运用数据分析、文本挖掘等技术手段，对信息进行深入剖析和解读，找出其中的规律和趋势。通过分析和挖掘，我们可以发现潜在的文化安全风险，为风险预警提供有力支撑。

（四）建立信息共享机制

为了提高信息收集与分析的效率和质量，我们需要建立信息共享机制。这包括建立信息共享平台、制定信息共享规范等，实现多部门、多领域之间的信息共享和协同工作。通过信息共享，我们可以汇聚各方力量和资源，共同应对文化安全风险挑战。

参考文献

[1]国家发展和改革委员会国家能源局.推动丝绸之路经济带和21世纪海上丝绸之路能源合作愿景与行动[N].中国电力报,2017-05-15(003).

[2]钱振华."一带一路"视域下国家经济发展与企业转型升级对策研究[C]//中国管理科学研究院.第十二届中国管理科学大会优秀论文集.江苏省苏州市吴江区桃源镇人民政府,2019:3.

[3]段明辰,段毅."一带一路"倡议背景下甘肃与中亚油气能源合作现状及对策[J].甘肃科技,2023,39(01):38-42.

[4]本刊编辑部.助力共建"一带一路"书写互利共赢新篇章[J].农村电气化,2023,(11):3.

[5]陈月娥,李红冠.以中华传统文化推进"一带一路"国际经济理念创新[J].群言,2024(02):28-30.

[6]新华社记者.相互尊重、和衷共济、和合共生[N].人民日报,2023-12-04(003).

[7]张慧波."一带一路"倡议背景下职业教育国际合作平台的实践类型与发展路径[J].中国职业技术教育,2024(10):19-26.

[8]任秀荣."一带一路"倡议背景下发展宁夏文化产业的新机遇[J].村委主任,2023(06):144-146.

[9]薛宏波,程文广."一带一路"倡议背景下我国民族传统体育文化国际交流研究[J].体育文化导刊,2019(10):74-80.

[10]朱平洋."一带一路"增进我国与邻邦戏剧文化的相互了解[J].戏剧之家,2018,(19):26+28.

[11]沈嘉达,沈思涵."一带一路"视域下的黄梅戏传播研究[J].黄冈师范学院学报,2018,(4):79-82

[12]王巧英,王似保."一带一路"倡议背景下黄梅戏海外传播研究[J].池州学院学报,2017,(1):15-18.

[13]龙倩,曹庆华.广西民族民间文化发展研究报告[J].歌海,2018,

(1):108-114.

[14]黄玲.东南亚与中国西南边疆民族戏剧的交流与共生[J].戏剧艺术,2010,(02):25-32.

[15]杨绪明,赵莹,陈德银."一带一路"倡议背景下广西特色民族文化传播研究[J].北华大学学报(社会科学版),2019,(2):103-112.

[16]何荣任.新时代背景下中国—东盟戏剧交流与发展探析——以南宁市中国—东盟戏剧周为例[J].戏剧之家,2018,(16):7-9.

[17]陈炜,黄碧宁.广西跨境民族文化旅游合作的驱动机制研究——基于"一带一路"背景[J].贵州民族研究,2019,(8):100-108.

[18]朱雪芹,李丰威.市场营销策划[M].重庆:重庆大学出版社,2015:2.

[19]龚维忠.现代期刊编辑学[M].北京:北京大学出版社,2007.

[20]李秀霞,周泽超.关于加快宁夏文化产业发展的思考[J].宁夏党校学报,2006(07):82-85.

[21]刘波.我国城市参与共建"一带一路"的路径研究[J].城市观察,2023(02):6-13

[22]赵天奇."一带一路"倡议背景下中华音乐行为跨文化交流与传承发展[J].黄河之声,2024(06):153-155.

[23]吕江,张可."一带一路"能源合作的制度建构:发展历程、中国贡献与路径抉择[J].东北亚论坛,2024,33(02):34-46+127.

[24]王微言,李夏子."一带一路"视野下的艺术互鉴与文化传播学术研讨会综述[J].美术研究,2024,(01):32+41-43.

[25]赵甜,曹守新."一带一路"倡议对中国企业创新效率的影响研究[J].国际贸易,2023,(12):61-71.

[26]贺腾飞."一带一路"与我国教育对外开放[J].上海交通大学学报(哲学社会科学版),2023,31(12):132-143.

[27]刘建超.深化政党共商合作共享丝路峰会成果[J].当代世界,2023,(12).

[28]万喆."一带一路"与新发展格局[M].北京:北京师范大学出版社,2022.

[29]陈圣来.“一带一路”城际文化交流合作的体系研究[M].上海:社会科学院出版社,2020.

[30]学习贯彻习近平新时代中国特色社会主义经济思想 做好“十四五”规划编制和发展改革工作系列丛书编写组.推动共建“一带一路”高质量发展[M].北京:中国计划出版社,2020.

[31]秦玉才.“一带一路”建设与跨境次区域经济合作[M].杭州:浙江大学出版社,2020.

[32]孙士江,曹东义.古丝绸之路对中医药传播与发展的影响[M].北京:世界图书出版公司,2020.

[33]朱建新,刘玉君,孙建光,等.跨文化交际与礼仪[M].南京:东南大学出版社,2019.

[34]刘頔,王永明.绿色“一带一路”视角下“无废城市”建设思路[J].环境工程学报,2023,17(12):3797-3804.

[35]贾德忠.中国参与建设国际多边治理平台的成果、挑战和着力点[J].当代世界,2023,(12):42-47.

[36]唐晓彬,张岩,王亚男,等.“一带一路”共建国家贸易网络关联与群体影响机制研究[J].统计研究,2023,40(12):91-105.